A lei de Deus
contra a
liberdade dos homens

Jean-Louis Schlegel

A lei de Deus contra a liberdade dos homens

Integrismos e fundamentalismos

Tradução
EDUARDO BRANDÃO

SÃO PAULO 2009

Esta obra foi publicada originalmente em francês com o título
LA LOI DE DIEU CONTRE LA LIBERTÉ DES HOMMES – Intégrismes et fondamentalismes
por Éditions du Seuil, Paris.
Copyright © Éditions du Seuil, 2003.
Copyright © 2009, Editora WMF Martins Fontes Ltda.,
São Paulo, para a presente edição.

RÉPUBLIQUE FRANÇAISE

"Cet ouvrage, publié dans le cadre de l'Année de la France au Brésil et du Programme d'Aide à la Publication Carlos Drummond de Andrade, bénéficie du soutien du Ministère français des Affaires Etrangères.
« França.Br 2009 » l'Année de la France au Brésil (21 avril – 15 novembre) est organisée:
En France : par le Commissariat général français, le Ministère des Affaires étrangères et européennes, le Ministère de la Culture et de la Communication et Culturesfrance.
Au Brésil : par le Commissariat général brésilien, le Ministère de la Culture et le Ministère des Relations Extérieures."

"Este livro, publicado no âmbito do Ano da França no Brasil e do programa de apoio à publicação Carlos Drummond de Andrade, contou com o apoio do Ministério francês das Relações Exteriores.
'França.Br 2009' Ano da França no Brasil (21 de abril a 15 de novembro) é organizado:
No Brasil: pelo Comissariado geral brasileiro, pelo Ministério da Cultura e pelo Ministério das Relações Exteriores.
Na França: pelo Comissariado geral francês, pelo Ministério das Relações exteriores e europeias, pelo Ministério da Cultura e da Comunicação e por Culturesfrance."

1ª edição 2009

Tradução
EDUARDO BRANDÃO

Acompanhamento editorial
Luzia Aparecida dos Santos
Preparação do original
Renato da Rocha Carlos
Revisões gráficas
Joseli Nunes
Helena Guimarães Bittencourt
Produção gráfica
Geraldo Alves
Paginação/Fotolitos
Studio 3 Desenvolvimento Editorial

Dados Internacionais de Catalogação na Publicação (CIP)
(Câmara Brasileira do Livro, SP, Brasil)

Schlegel, Jean-Louis
A lei de Deus contra a liberdade dos homens : integrismos e fundamentalismos / Jean-Louis Schlegel ; tradução Eduardo Brandão. – São Paulo : Editora WMF Martins Fontes, 2009.

Título original: La loi de dieu contre la liberté des hommes: intégrismes et fondamentalismes.
Bibliografia.
ISBN 978-85-7827-185-5

1. Fundamentalismo religioso 2. Integrismo religioso 3. Religião – Aspectos sociais I. Título.

09-08497 CDD-200.9

Índices para catálogo sistemático:
1. Fundamentalismo religioso : Religião : História   200.9
2. Integrismo religioso : Religião : História   200.9

Todos os direitos desta edição reservados à
Editora WMF Martins Fontes Ltda.
Rua Conselheiro Ramalho, 330 01325-000 São Paulo SP Brasil
Tel. (11) 3293.8150 Fax (11) 3101.1042
e-mail: info@wmfmartinsfontes.com.br http://www.wmfmartinsfontes.com.br

Índice

Preâmbulo 7

1. A diversidade integrista e fundamentalista 13
    Integristas católicos 17
    Fundamentalistas protestantes 22
    Judeus ultraortodoxos 26
    Islamitas 31
    Um fenômeno moderno 36

2. O que é a ruptura moderna? 41
    Autonomia 42
    Democracia 43
    Secularização 45
    Direitos humanos 48
    Mundo científico e técnico 49
    Uma cultura histórica e uma razão crítica 51
    Pós-modernidade? 54

3. Como as religiões se tornam "modernas"? 59
    A França religiosa antes do século XIX: um Estado "confessional" 61

"Uma fé, uma lei, um rei" 61
Uma sociedade sob o domínio da religião 63
Sons e fúrias de uma separação 66
Antes da laicidade e da separação, a Concordata 68
A "saída" francesa da religião 70
O exemplo dos Estados Unidos 73
Colonos dissidentes e vítimas da intolerância na Europa 73
Um pluralismo sem limites 75
A "religião civil" à americana 77
A lição religiosa dos Estados Unidos à velha Europa... 79

4. Fundamentalistas e integristas "doentes" da modernidade? 87
Modernidade e crise 87
Em face da autonomia 93
Que política religiosa? 98
Economia dirigida, liberal... ou virtuosa? 103
O direito de Deus 107
Ciências e técnicas: um uso sem moderação... e sem crítica 114
Um mundo de certezas 120

Conclusão. O futuro do fundamentalismo e do integrismo 123

Glossário 129

Bibliografia 137

Preâmbulo

É justificável reunir "integrismo" e "fundamentalismo"? Provavelmente não para os pesquisadores, historiadores e sociólogos que, com razão, estabelecem distinções pertinentes entre os dois termos. No que se segue, vou me servir de seus trabalhos e tentar explicar o que separa essas duas formas de radicalismo religioso. Porém, vou mantê-las reunidas neste livro. Em relação aos direitos e às liberdades do homem moderno, em todo caso, as similitudes prevalecem sobre as diferenças; e, além disso, a comparação entre as duas realidades – se é que são mesmo diferentes – não é desprovida de interesse.

A junção das palavras "integristas" e "fundamentalistas" não vai agradar aos que são designados como tais. Supondo-se que eles aceitem essa designação (o que é pouco provável), eles podem me criticar por misturar tudo, em particular por fazer um amálgama entre os que optam pela violência, sempre odiosa e absurda, e os integrismos e fundamentalismos em geral: estes últimos pretendem travar seu combate na legalidade, mesmo quando são adeptos de certas ideias radicais. De resto, muitos fundamentalistas protestantes e muçulmanos não professam doutrinas extremas, e um mundo separa hoje a maioria deles, assim como os integristas católicos e judeus, das redes de islamitas que praticam ativamente a *jihad*, a guerra santa. Tentarei fazer adiante as distinções necessárias. No entanto, uns e outros têm pontos em comum, e os pacíficos poderiam talvez se interrogar sobre o que os une aos violentos.

Por outro lado e principalmente, ainda que polarizem toda a atenção, os atentados dos terroristas islâmicos constituem uma exceção à regra. Eles dissimulam, por assim dizer, o fenômeno maciço do integrismo e do fundamentalismo e sua extensão verdadeira. Por isso, não é deles que falo nesta obra, porque na verdade eles representam reações extremas, delirantes, que pertencem ao que Abdelwahab Meddeb chamou de a "doença do islã". No belo livro que tem esse título[1], ele propôs a análise mais profunda para mostrar a inanidade desses extremistas. A humilhação e o ressentimento vividos, com ou sem razão, pelos muçulmanos relativamente ao Ocidente e à modernidade triunfante que ele encarna são sem dúvida a chave mais pertinente para explicar o que aconteceu em 11 de setembro de 2001. Esses atentados atestam de maneira monstruosa a crise profunda em que se debate o islã. O terrorismo misturado com o suicídio é uma reação de vencidos da história. Aliás, podemos nos perguntar se as reações violentas em geral dos integristas e dos fundamentalistas não são em parte motivadas pela ausência de expressão pública, à qual a modernidade os condena inelutavelmente.

Preferi partir porém do sentido corrente, cada vez mais extenso, que adquiriram as palavras "integrismo" e "fundamentalismo": ideias e correntes que mantêm abertamente distância

---

1. Todos os livros e autores citados se encontram na bibliografia, pp. 137-40.

PREÂMBULO

da modernidade, ou mesmo a rejeitam por inteiro. Que distâncias, que rejeições, por que razões, com que objetivos, com que pontos de encontro e que diferenças entre uns e outros – eis do que trata este livro. Ele se limita aos três monoteísmos – judaísmo, cristianismo (católico ou protestante), islã – com os quais os europeus têm principalmente de lidar. O fenômeno do integrismo certamente vai além deles. No entanto, no caso dos hinduístas ou dos ortodoxos cristãos, por exemplo, que também frequentam a crônica da violência religiosa, sem dúvida se imporia muito mais uma análise em termos de nacionalismo religioso, e não de integrismo ou de fundamentalismo, estritamente falando.

Muito embora não tenha – por motivos evidentes – a menor simpatia pelas correntes em questão, eu me proponho primeiro compreender e explicar um dos fenômenos mais surpreendentes do nosso tempo. Todo o mundo já entendeu muito bem que as profecias sobre o desaparecimento do religioso graças ao progresso da razão esclarecida malograram. E os crentes podem portanto ficar tranquilos. Mas não deveria ser perturbador para eles que a parte mais visível, ou a parte emersa, das convicções religiosas seja constituída hoje em dia por opções que recusam mais ou menos radicalmente a sociedade moderna? O integrismo e o fundamentalismo inquietam, não sem razão, a opinião pública e os Estados, os militantes dos direitos humanos e os da laicidade. Mas, em certo sentido, o verdadeiro desafio deles dirige-se antes de tudo à sua própria confissão, à sua própria Igreja.

Para estas, é cada vez mais estreito o caminho entre os "liberais", que se fundem nos valores modernos e neles se diluem, e os radicais, que os contestam frontalmente. Como se o caminho mediano, justamente o que seguem as grandes instituições e tradições religiosas, houvesse perdido, talvez por sua longa história, todo atrativo e toda sedução. O paradoxo dos extremismos religiosos – como o de seu correspondente inverso, as religiosidades individualistas sem consistência – está em que eles questionam incansavelmente, do interior, as velhas instituições religiosas sobre sua vitalidade, mas também (o que é ainda mais extraordinário) em que obrigam o Estado laico a se preocupar com estabelecer instituições religiosas – como vimos recentemente com o islã na França – ou se opor às novas criações religiosas – a República assumindo a luta contra as seitas...

De fato, estudando o integrismo e o fundamentalismo religiosos, percebe-se que não são fenômenos isolados, ou aberrações para o nosso mundo atual: eles correspondem a lógicas profundas da nossa sociedade moderna, ou da situação das religiões nas sociedades modernas. É de espantar? A própria radicalidade deles ressalta desafios importantes dessas sociedades, valendo a pena conhecê-la melhor.

No primeiro capítulo são apresentados sucintamente elementos de história e de atualidade dos grupos estudados. Como se fala muito aqui de "modernidade", o segundo capítulo é consagrado ao conteúdo dessa palavra-curinga, para saber pelo menos de que falamos ao empregá-la. O terceiro capítulo pode ser considerado um excurso útil, se não necessário: como as religiões entraram em modernidade? Pareceu-me conveniente lembrar a diferença entre dois modelos bem contrastantes, o da França e o dos Estados Unidos – uma diferença que diz muito. O quarto capítulo liga integrismos, fundamentalismos e modernidade, detalhando suas interações mútuas. Como conclusão, levantaremos a questão do futuro do extremismo religioso.

PREÂMBULO

Para não multiplicar as notas, acrescentei uma bibliografia, em que estão relacionados todos os livros e autores citados (entre outros), e um glossário que deverá ajudar o leitor a se orientar, principalmente no cipoal dos grupos protestantes americanos.

1
A diversidade integrista e fundamentalista

"Um espectro ronda a Europa: o espectro do comunismo." Parafraseando a célebre fórmula que abre em 1848 o *Manifesto do partido comunista* de Karl Marx, podemos dizer que no início dos anos 2000 um espectro ronda o mundo: o do integrismo e do fundamentalismo religioso. Desde o dia 11 de setembro de 2001, essas palavras, assim como "cruzada", "guerra santa", "*jihad*", "islamitas", "evangélicos", "religiosos fanáticos", "eixo do Mal" e "império do Bem", foram muito mais lidas e ouvidas. Ninguém mais pode ignorá-las, já que a atualidade infelizmente as coloca nas manchetes. No entanto, a maioria das pessoas seria provavelmente incapaz de aplicar a elas um conteúdo que não fosse a violência ou os excessos da paixão religiosa. Aliás, a mídia e a opinião pública não distinguem integristas e fundamentalistas, integrismo e fundamentalismo; a primeira palavra é mais corrente, mas a segunda começa a ganhar terreno. Tanto uma como a outra, ou as duas juntas, designam em bloco e no sentido amplo indivíduos e grupos, atividades e ideias, comportamentos e doutrinas que, em nome da religião, rejeitam, sem nuances e às vezes violentamente, os valores e as taras do mundo moderno, e uns por causa dos outros.

A LEI DE DEUS CONTRA A LIBERDADE DOS HOMENS

Mais que por suas ideias, integristas e fundamentalistas são conhecidos pelas imagens que projetam de si mesmos. Os fundamentalistas muçulmanos, também chamados de "islamitas", evocam a violência armada, o terrorismo, a agitação nas universidades e nos bairros, as mulheres com véus e os homens barbudos, o espetáculo de centenas de homens prosternados voltados para Meca na hora da prece da sexta-feira... A televisão e o cinema mostraram mais de uma vez, nos últimos anos, imagens de judeus israelitas integristas, também designados como "ultraortodoxos": eles também são barbudos e muitas vezes usam uma indumentária típica – uma espécie de redingote preto herdado de outras épocas e outros lugares. Em Israel, exigem uma aplicação rigorosa da Lei (do modo como a entendem) na vida privada e na vida pública, logo para todo o mundo, por exemplo fechando os cinemas ou proibindo a circulação de carros e o tráfego aéreo aos sábados, o dia do sabá; mais de uma vez, alguns deles também foram vistos ou ouvidos exprimindo um ódio violento pelos palestinos e pelos árabes.

Outras imagens mostram fundamentalistas americanos protestantes – por exemplo, o próprio presidente dos Estados Unidos, em prece com sua equipe de conselheiros políticos e militares antes de uma reunião importante; foram feitas reportagens sobre os "tele-evangélicos" americanos e suas pregações inflamadas para arrebatar e converter seu auditório. Sabe-se, vagamente pelo menos, que os fundamentalistas defendem nos Estados Unidos as políticas mais conservadoras: são a favor da pena de morte, da proibição do aborto, contra a liberdade de costumes e a permissividade ambiente, a favor de sinais visíveis de religiosidade na vida pública; viram-se também imagens inquietantes de seu proselitismo sem nuances em certas regiões do mundo, como na América Latina.

A DIVERSIDADE INTEGRISTA E FUNDAMENTALISTA

Islamitas, judeus ultraortodoxos, fundamentalistas protestantes às vezes quase fizeram passar para o segundo plano, no período mais recente, os integristas católicos, que ocupavam as manchetes da mídia na década de 1980 e ainda no início da década de 1990. Na França e na Europa, o integrismo católico são imagens de padres de batina e de missas em latim. Mas essas imagens são recentes e devem-se, em parte, às reformas introduzidas pelo concílio Vaticano II (1962-1965), que os integristas não aceitam. Mais significativas de uma atitude de recusa diante da sociedade moderna: os grupelhos ativistas atacando na década de 1990 clínicas em que se pratica a interrupção voluntária da gravidez, ou ainda, no fim da década de 1980, uma tentativa de incendiar um cinema que projetava o contestado filme de Scorsese sobre Jesus, *A última tentação de Cristo*. No entanto, apesar da repercussão dessas ações, a influência dos integristas católicos nos países em que estão estabelecidos é extremamente fraca, ao contrário da dos fundamentalistas muçulmanos e protestantes, nos lugares onde são numerosos.

Não é de espantar que até hoje, na França ao menos, a palavra "integrista" tenha prevalecido sobre "fundamentalista", ou que, na mídia e na opinião pública, aquela englobe esta. "Integrismo" é um termo usado nos países de tradição católica e tem a vantagem de evocar ao mesmo tempo "íntegro" e "integral", palavras da linguagem corrente que têm afinidades com o que se coloca sob o rótulo de integrismo: um excesso de integridade ou uma ausência de compromisso diante do mundo moderno e uma vontade quase doentia de salvaguardar a integralidade de uma tradição (tal como eles a compreendem, claro). Os integristas católicos, aliás, costumam se gabar de serem íntegros e integrais diante de uma Igreja católica que, para eles, traiu os ideais expressos pelos papas do século XIX em face da Revolução francesa e do mundo moderno.

Como quer que seja, islamitas, judeus ultraortodoxos, fundamentalistas protestantes – aos quais poderíamos acrescentar os sérvios ortodoxos, os hinduístas nacionalistas e os religiosos violentos em geral – são todos "integristas" (e fanáticos) para o homem comum. E, enquanto permanecemos no terreno das imagens, é evidente que existem pontos, conivências e analogias entre eles. Não é de espantar, portanto, que a mídia e o grande público coloquem todos "no mesmo saco". Eles podem até dar a impressão de uma verdadeira "Internacional" ou, para falar como Gilles Kepel, de uma "revanche de Deus" que, por ter características locais, parece no entanto constituir um fenômeno único, simultâneo e idêntico, nas dimensões do mundo inteiro.

Somente nos últimos anos é que a palavra "fundamentalista" se tornou mais corrente na imprensa e na mídia, por um motivo evidente: os integristas católicos podem incomodar a Igreja, sem dúvida, mas não representam nenhuma ameaça para a sociedade, e mal se fala deles; já a violência islâmica é um tema de atualidade permanente, e ninguém mais pode ignorar a influência dos fundamentalistas protestantes na decisão tomada pelo presidente dos Estados Unidos de entrar em guerra contra o Iraque.

Porém, quando se começa a empregar as duas palavras, a questão se coloca necessariamente: há diferenças entre integrismo e fundamentalismo ou, atendo-se ao termo "integrismo", ele abrange as mesmas realidades nas diferentes religiões e confissões do mundo? Salta aos olhos que a história do integrismo e a do fundamentalismo não são semelhantes; aliás, e para lá de todos os pontos comuns, julgando apenas o modo de vida e a aparência externa, os comportamentos e a reações não são tampouco idênticos. Ora, essas diferenças entre integristas e fundamentalistas, postas em relevo por historiadores e sociólogos, são esclarecedoras para compreender certas particularidades e certas lógicas dos grupos e das doutrinas extremas que alimentam atualmente a crônica.

Num percurso sucinto, fixarei primeiro alguns marcos históricos para situar uns e outros em suas semelhanças e em suas diferenças.

Integristas católicos

Os integristas católicos são filhos e filhas da Revolução francesa, ou da reação católica que a esta se segue no século XIX, na França e na Europa. Esses católicos trazem um trauma na memória: o da Igreja perseguida, vítima da violência revolucionária. E portanto recusam-se a virar a página e se empenhar em arranjos e compromissos com o mundo moderno nascente, mostrando-se "intransigentes" com ele. Seus adversários são os católicos liberais, que buscam conciliar a Igreja com o mundo moderno oriundo da Revolução, que gostariam que ela aderisse aos ideais desse mundo, particularmente a República, tanto mais, dizem, que muitas dessas aspirações são diretamente inspiradas no Evangelho e no cristianismo. Esse discurso da República evangélica e de Jesus, primeiro republicano e origem de toda fraternidade, terá sua hora de glória sobretudo no momento da revolução de 1848 na França.

A LEI DE DEUS CONTRA A LIBERDADE DOS HOMENS

Mas os liberais permanecerão por muito tempo minoritários e sem apoio na Igreja católica, para não dizer condenados por ela. Em seus textos mais oficiais, as "encíclicas*"[1] e outras advertências, a Igreja apoia e incentiva os intransigentes em seus combates. O texto mais célebre a esse respeito é o *Syllabus*, publicado em 1864 pelo papa Pio IX: uma lista de oitenta proposições reunidas numa breve formulação para condenar os "principais erros do nosso tempo". O erro por excelência está resumido na última proposição: "O pontífice romano pode e deve se reconciliar e transigir com o progresso, o liberalismo* e a civilização moderna." Quem pensa assim e assim age por conta própria é "anátema": não tem mais nada a ver com a Igreja católica e, se dela faz parte, deve saber que esta o destina ao diabo.

Mais de trinta anos antes de Pio IX, outro papa, Gregório XIII, havia fulminado uma encíclica contra as liberdades dos modernos: nesse texto surpreendente, considerado a cerca de 170 anos de distância, ele denuncia especialmente "outra causa, a mais fecunda, dos males que afligem atualmente a Igreja: falamos do *indiferentismo*, essa opinião perversa [...] segundo a qual se pode, por uma profissão de fé qualquer, obter a salvação eterna, contanto que se tenham modos retos e humildes [...]. Da fonte putrefata do indiferentismo decorre esta máxima absurda e errônea, ou, antes, este delírio: deve-se proporcionar e garantir a cada um a *liberdade de consciência*. Prepara-se o caminho para esse erro, o mais pernicioso de todos, pela liberdade de opinião, plena e sem limites, que, pela ruína do Estado e da Igreja, vai se difundindo longe. [...] A isso se relaciona a liberdade mais funesta, a liberdade execrável, pela qual nunca se terá suficiente hor-

---

1. As palavras seguidas de um asterisco são definidas no glossário, pp. 129-36.

ror e que alguns ousam com tanto estardalhaço e tanta insistência pedir e ampliar por toda parte: estamos falando da liberdade de imprensa e de edição. Trememos, veneráveis Irmãos, ao considerar de que monstros de doutrinas, ou, antes, de que prodígios de erros somos cumulados" (carta encíclica *Mirari Vos*, de 15 de agosto de 1832). Essa declaração, que nos parece aberrante, pode ser relativizada ao lembrarmos que naquela época a ordem social e moral era o objetivo de toda sociedade e de todo indivíduo, e que o temor de uma derrocada da sociedade, na falta dessa ordem fundada na religião, era sincero.

No entanto, essa Igreja intransigente e oposta a direitos básicos da época moderna, e que gostaria que a doutrina da Igreja fosse seguida "integralmente" – isto é, na vida pública, na vida privada e em todas as esferas da vida social – para realizar uma "ordem social cristã", ainda não é, falando propriamente, "integrista". Os movimentos que merecem esse nome nascem somente quando essa Igreja começa a dar sinais de moderação em relação a essa intransigência, ou parece renunciar a esse "integralismo" sem falhas: por exemplo, depois que ela aderiu* oficialmente à República (1890); ou quando intelectuais e pensadores "modernistas"* (o mais célebre na França chama-se Édouard Loisy) resolvem abordar a Sagrada Escritura com os métodos históricos e críticos usados havia muito pelos protestantes; ou ainda quando padres e leigos defendem a aceitação da democracia, um catolicismo mais social, uma rejeição do antissemitismo.

Na virada do século XX, a fim de enfrentar esses ímpetos modernistas, toda uma frente de rejeição paralela, mais ou menos oculta, se instala e cria redes integristas até mesmo no coração do Vaticano, para levantar suspeitas, denunciar e fazer o papa Pio X condenar "tudo o que se mexe". O integrismo – palavra de origem espanhola – católico nasceu. Politicamente, ele se liga, na França, aos meios conservadores da Action Française*, fundada por Charles Maurras. À medida que, no decorrer do século XX, os papas forem se distanciando dele, ele se tornará, cada vez mais, à margem e à direita, depois à extrema direita da Igreja, um movimento integrista propriamente dito: um movimento que ao mesmo tempo não cessa de diminuir em número e em peso, mas também de endurecer suas posições.

Sua derrota na Igreja católica será consumada com o concílio Vaticano II e a "abertura" da Igreja ao mundo. Monsenhor Lefebvre, o novo líder dos integristas, rejeita o conjunto do processo conciliar. Mas cumpre notar desde já os pontos de confronto mais graves. São, de um lado, o fim do latim e a passagem para a língua vernácula na liturgia, que abalam fortemente numerosos fiéis, inclusive não integristas de início, em sua sensibilidade propriamente religiosa. Por outro lado, para monsenhor Lefebvre e os seus, as afirmações sobre a liberdade religiosa parecem relativizar a Verdade católica, e eles as veem como totalmente inadmissíveis.

Na anos de 1970-1980, a dissidência integrista não vai parar de se fortalecer, com, entre outras coisas, a criação do grande seminário de Écône, na Suíça, para preparar futuros padres, ou ainda a ocupação de igrejas para delas fazer locais de culto integristas em que o latim, com a "missa de são Pio V" (ritual estabelecido por esse papa no século XVI), permanece obrigatório. Apesar dos esforços extremos e das concessões do papa João Paulo II para evitar o cisma*, monsenhor Lefebvre vai além em 1988, consagrando quatro bispos para sucedê-lo. Cria assim, de acordo com a teologia da Igreja católica, uma hierarquia* e, portanto, uma igreja paralela. É significativo que a ocasião da ruptura tenha sido, para monsenhor Lefebvre, como ele próprio confessa, uma reunião em Assis, em 1986, de líderes religiosos de religiões e confissões do mundo inteiro. Convidados pelo papa João Paulo II, tinham ido orar pela paz: uma reunião intolerável para o chefe dos integristas, o próprio símbolo de todos os erros cometidos contra a Verdade católica em nome da liberdade religiosa!

Para concluir esta breve evocação do integrismo católico, podemos dizer, com Étienne Fouilloux, que "em relação aos direitos humanos" e, mais geralmente, da influência externa, sua "nocividade" parece modesta; em compensação, internamente, ele constitui uma espécie de espinho ou de ameaça aos olhos de Roma, que não parou de ceder para tentar fazer voltar a seu seio essas ovelhas desgarradas. Toda concessão feita à esquerda ou aos liberais na Igreja católica correria o risco, parece, de dar aos integristas boas razões para seu combate. Pode ser também que, em Roma, se faça lembrar que afinal de contas os integristas são fiéis discípulos da doutrina dos papas do século XIX e que, portanto, têm desculpas.

É importante não confundir católicos integristas e católicos tradicionalistas. Estes últimos aceitam globalmente o concílio Vaticano II. Eles podem preferir a missa em latim, mas não fazem disso um motivo para se distanciar de Roma. Ao contrário, muitas vezes tiram partido de uma fidelidade integral às exigências do papa, não apenas a propósito das reformas que podem ferir sua sensibilidade, mas também no que diz respeito aos pontos em que muitos católicos tomam liberdades em relação à doutrina pontifical – por exemplo, a interrupção voluntária da gravidez, a contracepção, a moral sexual e conjugal. Eles não têm nenhuma saudade da Igreja contrarrevolucionária do século XIX. Também exibem espontaneamente sinais de reconhecimento e de visibilidade propriamente católicos, ou mesmo "romanos": é o caso da manutenção de devoções tradicionais (piedade mariana ostensiva, procissões e peregrinações), da gola romana e da imagem do clérigo severo seguida pelos padres de sua tendência etc. Viu-se também a criação, com o aval de certos bispos, de estruturas paralelas para a formação dos padres. Em suma, eles não querem ceder nada de sua identidade católica.

No entanto, assim agindo, os tradicionalistas não têm nada em comum com as reações de ruptura e de violência características do integrismo, e é perfeitamente abusivo, como fizeram certos programas de tevê, confundi-los com ele. Os desvios de tipo "sectário" de certos grupos tradicionalistas denunciados aqui ou ali tampouco decorrem do integrismo.

Fundamentalistas protestantes

A exegese histórica e crítica, publicada desde o século XIX e praticada principalmente pelos estudiosos protestantes, luteranos ou calvinistas, aborda as Sagradas Escrituras e a origem das religiões como qualquer texto ou acontecimento profano, com o olhar distanciado das ciências históricas. Assinalada, sobretudo no começo, pelo cientificismo e pelo positivismo que reinam no domínio das ciências naturais, ela questiona um aspecto essencial para os crentes: a existência do milagre. Uma parte de seus esforços consistirá em livrar o texto bíblico de tudo o que é mito e relato de milagre, retendo apenas a sublime mensagem moral que a Revelação judaica e cristã traz. Desde sua expansão no século XIX, sobretudo na Alemanha, depois também na França, ela suscita numerosas oposições entre os crentes, perturbados pelas "revelações" dessa leitura crítica – uma leitura, mais de uma vez, nada privada de preconceitos antirreligiosos ou anticlericais. É normal que a exegese histórico-crítica, como é chamada, tenha começado sua carreira no meio protestante, já que era principalmente aí que a Bíblia era lida e estudada. Mas será também aí que as rejeições dessa exegese se cristalizarão, por assim dizer, no, ou nos movimentos fundamentalistas, surgidos no início do século XX nos Estados Unidos. Por que a palavra "fundamentalista" aparece no primeiro plano da cena religiosa?

Na linguagem industrial, econômica, comercial da nossa época, fala-se correntemente nos "fundamentos" que é necessário respeitar para alcançar resultados. Essa palavra traduz o substantivo inglês *fundamentals*. É bem significativo que, muito antes de se tornar um anglicismo na França[2], ela tenha servido de título para uma série de fascículos publicados e amplamente difundidos de 1910 a 1915 nos Estados Unidos, nas Igrejas protestantes; eles defendiam, de maneira bastante polêmica, os "fundamentos", isto é, os pontos essenciais e indiscutíveis, não negociáveis, da leitura da Bíblia. Os números sucessivos espicaçavam a Igreja católica, o socialismo e mais ainda o darwinismo, e reafirmavam em contrapartida os princípios ou fundamentos bíblicos: o nascimento virginal de Jesus, o papel "expiatório" da Cruz, a ressurreição de Jesus de entre os mortos, seu caráter divino e, mais global-

---

2. *Fondamentaux*. (N. do T.)

mente, a "inerrância" do texto bíblico, a impossibilidade de que o Livro escrito pelo "próprio dedo" de Deus nos engane e contenha erros. Em particular, é impossível pôr em dúvida a criação do mundo em seis dias, conforme narra o livro do Gênesis. Os fundamentalistas podem ir mais ou menos longe nessa afirmação de inerrância bíblica, mas todos se atêm a esse princípio de interpretação; ele exclui que se possam ler de uma maneira puramente simbólica ou moral os relatos bíblicos e contornar, assim, a dificuldade que colocam para uma consciência moderna, marcada pela ciência, os milagres contados nos dois Testamentos. A Palavra de Deus deve ser respeitada ao pé da letra; mais: ela *está* na letra da Escritura.

A fortuna do fundamentalismo foi imensa durante o século XX e ainda é em nossos dias. De certa maneira, ele cria uma oposição permanente entre os que aceitam globalmente os resultados da exegese histórico-crítica, ainda que às vezes com importantes reservas, e os que os recusam totalmente, ou entre os que aceitam o confronto com essa exegese e os que a recusam frontalmente. Essa oposição permeia as Igrejas cristãs. De fato, existe também uma forma de fundamentalismo católico, muito embora atenuado e filtrado pelas intervenções do "magistério" (a autoridade doutrinal da Igreja católica, representada em última instância pelo papa).

Mas ele está presente e é influente sobretudo nas diversas Igrejas protestantes e nos países em que o protestantismo é dominante, em especial nos Estados Unidos. Todavia, certas distinções se impõem. As correntes protestantes conhecidas como "evangélicas"* ou "pentecostalistas"*, muitas vezes provenientes das Igrejas metodistas*, batistas*, congregacionalistas*, presbiterianas*..., contam fundamentalistas em suas fileiras, mas em si não são fundamentalistas. Os batistas americanos até assinaram um acordo ecumênico com os católicos em 1994: um horror para os fundamentalistas. Melhor seria dizer que estes últimos estão presentes em todas as denominações protestantes e que todas elas são permeadas pela tentação fundamentalista. Esta vai de vento em popa não só na América do Norte, mas também na América do Sul e em outros continentes. Em todo caso, ao contrário dos integristas católicos, os fundamentalistas protestantes podem ser numerosíssimos, o bastante para constituir, com diversos aliados, uma "maioria moral" em certos momentos e em certos países – faço alusão aqui em particular ao papel que eles tiveram nos Estados Unidos na eleição de presidentes conservadores, como Ronald Reagan, em 1980, ou na dos dois Bush, pai e filho, em 1988 e 2000.

Adiante voltarei a abordar suas crenças e doutrinas. Notemos somente que, se os integristas católicos reivindicam a *Tradição*, os fundamentalistas protestantes abraçam o fundamento das *Escrituras*, na linha luterana e calvinista da *sola Scriptura*, da Escritura como fonte e fundamento único da Revelação e da fé.

Nessa linha, salientou-se às vezes uma espécie de fundamentalismo escriturário quase "natural" no protestantismo. Isso não é incorreto, porém faz-se necessário acrescentar duas observações aparentemente contraditórias que, no entanto, não se excluem. De um lado, ao contrário dos movimentos fundamentalistas, as Igrejas luteranas e calvinistas oficiais assimilaram o espírito do "livre exame" mesmo para a interpretação da Bíblia e, nos tempos modernos, aceitam sem reticências – salvo os excessos – a leitura histórica e crítica da Bíblia: sobre esse ponto (e sobre muitos outros), elas aparecem portanto como "liberais", ao contrário do fechamento dos fundamentalistas. Mas, por outro lado, no mundo protestante, a fronteira entre não fundamentalistas e fundamentalistas é muito menos nítida que na Igreja católica entre não integristas e integristas. Estes últimos se cindiram da grande Igreja por um cisma. Nada parecido é pensável no mundo protestante: quer se trate do liberalismo, quer do fundamentalismo, veem-se posições extremas e adeptos moderados, com divergências importantes entre uns e outros. Quase se poderia dizer que a direita do liberalismo e a esquerda do fundamentalismo se juntam. Ou, ainda, que existem muitos fundamentalistas que não sabem que o são, enquanto os integristas (mesmo quando recusam esse qualificativo) fazem essa opção voluntária e conscientemente. E, de todo modo, não existe instância oficial que possa decidir onde fica a fronteira entre um fundamentalista e um não fundamentalista.

Judeus ultraortodoxos

Pode ser que integristas e fundamentalistas de toda religião abarquem realidades comuns, mas, como se vê ao longo da história, suas origens, suas razões e suas motivações divergem. A diferença é maior ainda quando examinamos as dos ultraortodoxos, ou integristas, judeus. Nesse caso não se fala de "fundamentalistas". Com efeito, em sua relação com as Escrituras – no caso, a Torá (a Lei) –, os ultraortodoxos sempre leem, como todos os judeus, as duas Leis, escrita (a Bíblia) e oral (o Talmude). Em outras palavras, mesmo que adotem o ensino mais rigoroso para definir sua conduta, são confrontados com as interpretações múltiplas do Talmude e com as opiniões às vezes diametralmente opostas dos sábios, e em nenhum caso estabelecem "fundamentos" ou "essências" da Torá, aos quais todo judeu pio deveria submeter-se; na observância da Lei, tudo é fundamental. De fato, sem pretender que os judeus tenham sido, todos e sempre, poupados pela tentação fundamentalista, pode-se dizer que se trata antes de integristas da Tradição, ou adeptos da Tradição integral e exclusiva, mas, como vamos ver, muito divididos entre si.

Antes de mais nada, porém, é preciso nos entendermos sobre as palavras. Na tradição judaica, os "ortodoxos" são judeus que tentam conciliar uma observância rigorosa da Lei e certas exigências, em particular intelectuais, da modernidade. Eles se opõem aos "liberais" (e, nos Estados Unidos principalmente, aos "conservadores", situados a meio caminho entre liberais e ortodoxos). Os judeus liberais, que não são em absoluto judeus arreligiosos, estimam que a *halakha*, o conjunto das regras de comportamento na vida cotidiana, não é imutável e que adaptações, compromissos, acomodamentos são possíveis em relação às demandas e às necessidades da época moderna: por exemplo, a liturgia judaica não precisa ser obrigatoriamente celebrada em hebraico; ou, quando come em casa de um não judeu, um judeu não é obrigado a observar estritamente o *cashrout*, as regras alimentares, por definição difíceis de serem cumpridas, mesmo em sua própria casa, porque o ambiente não é favorável à compra e à elaboração desse alimento; ou ainda, numa sociedade não judaica, que não respeita o sabá e trabalha aos sábados, o judeu pode e deve observar a lei comum do país onde vive, e não a lei judaica. Os liberais são portanto partidários de uma reforma do judaísmo.

Ao contrário, um judeu "ortodoxo" rejeita esses compromissos e esses acomodamentos práticos: ele não transige, ainda que tenha de pagar caro por isso em sua vida cotidiana.

No entanto, no domínio do estudo e da vida intelectual – científica, literária, filosófica –, assim como em sua vida profissional, ele pode estar na vanguarda da pesquisa. Ele portanto não recusa a modernidade, mas, numa religião de observância como o judaísmo, sua fidelidade à lei de Deus é, por assim dizer, testada por essa obediência em sua vida pessoal, pouco evidente e muitas vezes até incompreensível a um não judeu.

Historicamente, os ortodoxos se constituíram no século XIX, em reação a correntes "emancipadoras" das Luzes. Estas últimas pretendiam alinhar pura e simplesmente os indivíduos judeus ao indivíduo moderno secularizado, tirando as comunidades judaicas do gueto e de seus costumes, fazendo-as adotar a língua vernácula, seguir os programas de ensino e de educação modernos e abraçar profissões (artesanato, agricultura) de que os judeus haviam sido excluídos até então.

Os ortodoxos se opuseram a essas reformas. Eles próprios eram, em sua maioria, oriundos de duas correntes do judaísmo que tinham se combatido no século XVIII: o judaísmo oficial rabínico e talmudista, observante e ao mesmo tempo racionalista; e o judaísmo hassídico, corrente adepta de uma piedade fervorosa, alegre e entusiasta, em torno de mestres de sabedoria carismáticos – corrente popular também, pouco voltada para o estudo e por essa razão alvo da vindita do precedente. Poder-se-ia dizer que, ao mesmo tempo que aceitam certas evoluções – a saída da cultura do gueto, por exemplo, e a vida no Estado moderno em certos limites –, os dois tipos de ortodoxo se reconciliam no século XIX à custa do modernismo liberal, esclarecido e emancipador, que (segundo eles) leva quase fatalmente os judeus à secularização e à assimilação pura e simples na sociedade ambiente.

A DIVERSIDADE INTEGRISTA E FUNDAMENTALISTA

Em relação aos judeus ortodoxos (ainda que a fronteira entre os dois nem sempre seja nítida), os indivíduos e os grupos ultraortodoxos dão um passo à frente, mas um passo radical, na rejeição do mundo moderno: entre os "ultras", este último é de certo modo condenado como tal, nada nele é percebido como bom para os judeus. Os homens barbudos, com trancinhas, vestindo cafetãs negros como os que usava a burguesia lituana, ucraniana ou polonesa no século XVIII, as mulheres de vestido negro ou cinza, com meias grossas, braços e cabeça cobertos, tornaram-se para a mídia emblemas desse judaísmo – e às vezes também, infelizmente, num contrassenso total, do judaísmo mesmo. Trata-se aqui de um judaísmo "segregacionista", que se agarra aos modos de vida e de pensamento do gueto e transpõe este último para os "bairros judeus" fechados para o mundo exterior. Ele é encontrado nos Estados Unidos, nos bairros de certas cidades, mas sobretudo em Israel, onde *kibutz*, aldeias inteiras e partes de cidades são habitados unicamente por ultraortodoxos. O ideal para eles seria poder frequentar somente judeus, no âmbito de algumas profissões escolhidas, em transportes coletivos e em lojas reservados para eles. Como veremos, o objetivo dos ultraortodoxos em política, onde são ativos, é ampliar constantemente o espaço público em que podem praticar essa existência judaica ideal.

Na história judaica, dois acontecimentos criaram no século XX uma ruptura absoluta em relação ao passado. Primeiro, a tentativa de extermínio do povo judeu pelos nazistas, no decorrer da Segunda Guerra Mundial. A Shoah, como passou a ser chamada, representou para todos, judeus e não judeus, em particular para os cristãos, uma virada cujas implicações eles ainda não avaliaram de todo. Mas, para os judeus principalmente, esse acontecimento terrível teve incalculáveis consequências individuais e coletivas, de ordem profana e religiosa. Entre todas as reflexões, às vezes contraditórias, que a Shoah suscitou, há a constatação de que a integração, a assimilação, a secularização dos judeus na sociedade moderna não serviram para nada. Muito pelo contrário, essa orientação resultou na pior tragédia da história judaica. Um passo a mais e se ultrapassou um limite que os ultraortodoxos transgrediram mais de uma vez sem hesitar: a Shoah é uma punição de Deus pela impiedade judaica nos tempos modernos! Mesmo quando não chega a essa conclusão extrema, o retorno à religião, ao radicalismo religioso, efetuou-se também sob a pressão do traumatismo extremo – para o pensamento e a vida – que a Shoah representa.

Para os judeus do século XX, o outro acontecimento maior, ligado aliás ao precedente, foi a criação do Estado de Israel, que realizava o sonho do retorno a Sion lançado por Theodor Herlz desde o fim do século XIX. Um ponto deve ser ressaltado: permanecendo na diáspora ou vivendo em Israel, a quase totalidade dos ultraortodoxos condenou no início a criação de um Estado laico moderno, que não fosse dirigido "de acordo com os caminhos da Torá" e decorresse de um orgulho do homem que pretendia construir ele próprio a cidade humana. Eles eram portanto radicalmente opostos ao sionismo*. Para esses judeus, somente o exílio em meio às nações era fiel à vontade de Deus, à condição judaica tal como se tinha constituído e definido desde dois milênios, na tradição do judaísmo rabínico. Somente na década de 1970 é que surgiram em Israel partidos nacionalistas extremos, que reivindicavam com acentos messiânicos um "Grande Israel" (*Eretz Israel*) dentro de fronteiras justificadas, segundo eles, pelo passado bíblico.

A DIVERSIDADE INTEGRISTA E FUNDAMENTALISTA

Se é verdade que os integristas se referem a uma tradição normativa, ou antes a um momento histórico dessa tradição considerado o ápice da vida religiosa possível, enquanto os fundamentalistas têm por pilar as Escrituras reveladas, lidas literalmente, os judeus ultraortodoxos serão postos no campo dos primeiros: são integristas de uma (certa) tradição. Claro, não existe nenhum vínculo com os que são designados como integristas católicos (que continuam às vezes a veicular a tradição antissemita do catolicismo). Mas é possível encontrar analogias bem concretas: do mesmo modo que os ultraortodoxos são fiéis ao gueto dos séculos XVII e XVIII, incluindo o falar iídiche e a indumentária, os integristas católicos sacralizam um momento da liturgia (o latim do segundo milênio que se impôs na Idade Média; lembremos que a forma definitiva da missa em latim data do século XVI, não sem ter passado por algumas modificações sucessivamente...) ou também a vestimenta eclesiástica – a batina –, cuja história certamente não começou nos primórdios do cristianismo. Ambos desejariam também uma sociedade integralmente judaica ou integralmente cristã. Em compensação, enquanto os integristas católicos constituem um movimento unificado, os integristas judeus são divididos em várias correntes e denominações* que às vezes se enfrentam duramente, sobretudo a propósito da política do Estado de Israel, ou ainda da própria existência desse Estado para os judeus.

Islamitas

A palavra "islamitas" se impôs para designar os muçulmanos que preconizam um islã radical ante os Estados e a sociedade modernos. Assim como se fala de ultraortodoxos judeus, essa designação particular talvez pretendesse indicar uma especificidade do integrismo muçulmano em relação aos outros, ou simplesmente evitar as palavras empregadas para o extremismo cristão – "integrista" ou "fundamentalista". É necessário, no entanto, reconhecer que o termo é particularmente redundante e não diz nada, no fim das contas, sobre o programa do islã radical. Este é de fato específico? Evidentemente ele é "filtrado" pela história e pela tradição do islã; por exemplo, seu radicalismo tem sem dúvida um aspecto mais imediatamente político. Mas, por outro lado, ele tem numerosos traços em comum com o integrismo e, mais ainda, com o fundamentalismo em geral.

Desde antes da época moderna, aliás desde seus primeiros séculos, o islã se dividiu em grandes tendências, a propósito da interpretação do Corão e da tradição do Profeta e de seus primeiros companheiros (suna), da posição que lhes deve ser atribuída para definir a lei muçulmana, da própria possibilidade de interpretar o direito além do que dizem essas fontes, de apelar para outras fontes (como a jurisprudência estabelecida bem depois do Profeta) etc. Como nas outras religiões do mundo, vimos surgirem interpretações "abertas" do islã, que celebram a alegria de viver e a liberdade que o próprio crente – talvez principalmente ele – pode se conceder... Mas outras tendências são conhecidas dos historiadores por seu rigor. Estas é que ainda são efetivamente invocadas pelos islamitas modernos para legitimar seu combate.

Assim, o hanbalismo, movimento fundado já no século IX d.C. (logo, no século II da hégira) por Ibn Hanbal (780-855), reivindica um retorno à letra do Corão e à tradição dos primeiros companheiros do Profeta. O rigor do hanbalismo será às vezes temperado ou acentuado, mas ele desempenhará um papel importante ao longo da história do islã. Assim, no fim do século XIII e no início do XIV, ele é vigorosamente revalorizado em sua ortodoxia estrita por um teólogo iraquiano, Ibn Taymiyya: em nome da leitura estrita do Corão e da suna, ele critica vivamente o islã das confrarias, o culto dos santos muçulmanos no islã popular, as interpretações "liberais" do islã por certos autores; e não confia no islã místico (a que se dá o nome de *sufismo*). Acrescentemos que seus problemas com o poder político da época acentuam seu papel de referência para os islamitas contemporâneos.

Um terceiro reformador, sempre num sentido rigorista, exerce forte influência sobre os islamitas contemporâneos. No século XVIII, Abd al-Wahhab (falecido em 1792) preconiza mais uma vez o retorno estrito às duas fontes das origens: o Corão e a suna. Ele rejeita todas as interpretações posteriores, consideradas desviantes em relação ao "puro islã". Como Ibn Taymiyya, rejeita o islã popular, seu culto dos santos e suas peregrinações aos túmulos destes. Sobretudo, talvez, o wahhabismo apresenta-se como um islã puritano, que bane o fumo, o riso, a poesia, a música, os espetáculos profanos, toda uma tradição prazenteira que não faltava na cultura do islã... Ele possui sua terra predileta: a Arábia Saudita. Com efeito, uma filha de Abd al-Wahhab casou-se em 1765 com um beduíno de nome Ibn Saud, fundador da dinastia no poder nesse país. Ainda hoje, o wahhabismo é religião de Estado na Arábia Saudita. Muito embora seja ligado a uma monarquia, o modelo do islã "puritano" que ele defende influenciou manifestamente uma parte dos movimentos islâmicos.

Estes nasceram no século XX, em ligação direta com as comoções que marcaram as sociedades muçulmanas. Desgraça de uma época: a descolonização ocorreu ao mesmo tempo que a industrialização, a urbanização, a escolarização (com os deslocamentos de populações, as frustrações, as tensões sociais que esses fenômenos geram inevitavelmente), sem esquecer o advento de Estados, se não democráticos, pelo menos influenciados por pretensões laicas e às vezes impregnados de ideologia marxista. Dois nomes são particularmente importantes aqui: o de Hassan al-Banna, um mestre-escola egípcio, fundador da Fraternidade Muçulmana, e o de um indiano, Abu Ala Maududi, fundador do movimento *Jama'at-i-islami*; pode ainda ser citado um terceiro, que hoje tem uma importância na África negra: o sudanês Hassan al-Turabi. O lugar de Al-Banna, assassinado pela polícia política em 1949, foi assumido posteriormente por outro pensador radical, Sayyid Qutb.

As doutrinas de uns e outros não coincidem completamente e evoluem com o tempo. Mas podemos afirmar que, mais claramente que as correntes similares de outras religiões, o islamismo ou o fundamentalismo muçulmano em geral se apresentam como uma viva reação à modernidade. De acordo com a tradição do islã, eles também tem implicações e consequências políticas mais imediatas. Alguns, como Maududi, consideraram o islã uma ideologia política como outras, uma terceira via entre o capitalismo e o socialismo; outros (Al-Banna) falam do Corão como da "Constituição" necessária para os Estados muçulmanos. As correntes islâmicas têm por conseguinte uma ação diretamente política e podem até se constituir em partido político (é o caso do *Jama'at-i-islami*). Elas procuram explicitamente não apenas influenciar o poder, mas também tomá-lo.

O modelo da sociedade vindoura é o de Medina, a comunidade muçulmana perfeita realizada então nessa cidade pelo profeta Maomé (ou Muhammad) e seus primeiros companheiros, pouco depois da hégira, até sua morte dez anos depois (632). Pouco importa aqui a realidade – turbulenta e violenta – que marcou os tempos de Medina: só conta o sonho da cidade ideal das origens, como consumação acabada do Corão, que veicula a memória muçulmana. Nesse sentido – e, mais uma vez, sem dar importância excessiva às palavras –, podemos inserir os islamitas entre os "fundamentalistas", partidários de um retorno literal às origens, quer se trate do Texto revelado, quer da comunidade primitiva (na verdade, das duas coisas). Quanto ao mais, eles também se opõem, muitas vezes frontalmente, aos dirigentes instituídos do islã "oficial" nos países muçulmanos (aos ulemás), ou também ao islã popular das confrarias.

No entanto, não sem certa semelhança com o fundamentalismo protestante, a fronteira entre fundamentalistas e não fundamentalistas muçulmanos nem sempre é nítida: ainda que não seja o bastante para os islamitas radicais, alguns Estados praticam políticas de islamização rigorosas, ou preservam, se não restauram, partes inteiras da lei islâmica (*charia*); e, quando assim não acontece, o domínio da *charia* sobre a vida privada de muitos muçulmanos – e muçulmanas – permanece considerável. Por outro lado, um movimento de piedade proselitista, de origem indiana, também presente na França, o Tabligh, é nitidamente fundamentalista. Apesar das diferenças, a solução de continuidade entre islamitas e Estados muçulmanos, crentes pios e praticantes (nos "subúrbios do islã" ou alhures), não é nada óbvia, portanto. Vemos a prova *a contrario* disso nas desconfianças que pesam, desde 11 de setembro de 2001, sobre o papel de um país como a Arábia Saudita, se não quanto aos próprios atentados, pelo menos quanto ao apoio ao islamismo e à expansão deste último. Ou ainda, na própria França, na presença oficialíssima de um movimento como a Uoif (União das Organizações Islâmicas da França): verdadeira "galáxia", como diz Xavier Ternisien, ela provém da associação islâmica Fraternidade Muçulmana, muito embora negue qualquer vínculo direto com esta. A Uoif, particularmente dinâmica, partidária do uso do véu islâmico pelas mulheres, está representada no Conselho Francês do Culto Muçulmano (CFCM), recentemente criado na França.

Um fenômeno moderno

Assim, apesar de frequentemente amalgamados e reduzidos a uma realidade única, integristas e fundamentalistas são matizados por sua história particular, bem como pela história remota de sua religião ou confissão. De maneira mais interna e mais sutil, a doutrina ou a mensagem ensinadas e a estrutura das instituições comunitárias também representam um papel de "filtro" para produzir características próprias? É provável, mas deixo de lado essa questão debatida pelos especialistas.

O que parece continuar sendo comum é uma forma de oposição à sociedade moderna, uma rejeição, uma reprovação mais ou menos violenta. Ou, antes, nota-se uma dupla oposição: de um lado, uma rejeição dessa sociedade como sociedade "sem Deus", secularizada, com valores e fins próprios que não são mais referidos a princípios oriundos de uma revelação e de uma mensagem religiosa (ainda que, sem dizê-lo e sem sabê-lo, elas possam permanecer culturalmente em débito). De outro lado, e sobretudo, integristas e fundamentalistas não aceitam ver sua religião, a comunidade dos crentes a que pertencem, arrastada nessa modernidade ou em desvios modernistas: tal evolução decorre, segundo eles, na melhor das hipóteses, da ignorância ou da infidelidade; na pior, da blasfêmia e da traição das promessas recebidas e dadas, quando não da apostasia. Por essa razão, aliás, sua reação violenta se exerce muitas vezes, primeiro, contra sua própria religião, sua confissão ou sua Igreja, antes de ser dirigida contra a sociedade ambiente, percebida por eles não apenas como "sem Deus", mas como "contra Deus", quando seria bem possível que ela fosse antes de mais nada "indiferente".

O paradoxo aparente que se pode deduzir do que precede é que integrismo e fundamentalismo são formas religiosas tipicamente modernas, ligadas em todo caso aos tempos modernos. Eles aparecem quando os princípios da modernidade política, social, científica e técnica, cultural... já não deixam as grandes religiões históricas indenes, quando questionam sua linguagem, seu saber, suas tradições, sua cultura, suas formas de identidade e de pertencimento, seus vínculos com o poder. Antes, a considerar simplesmente os séculos que precedem, essas grandes religiões constituíam por assim dizer a sociedade e a civilização, elas "faziam sociedade" (católica, protestante, muçulmana...). Tinham por certo uma história conturbada e cheia de violência, mas essas violências eram fundamentalmente entre comunidades – em guerras religiosas ou na opressão de uma por outra –, ou internas a cada comunidade, no momento de cisões, cismas, revoltas, manifestações de heresias, elas próprias sangrentamente reprimidas, muitas vezes.

A LEI DE DEUS CONTRA A LIBERDADE DOS HOMENS

No passado, o modelo mais próximo do integrismo e do fundamentalismo modernos reside sem dúvida nos desvios sectários que se produziram em diversas épocas. Ante o grande grupo religioso, que tolerava todos os compromissos com a sociedade de sua época e uma infidelidade manifesta à mensagem das Escrituras (também de parte de seus dirigentes), certos indivíduos e seus discípulos reivindicaram um retorno à pureza das origens e das exigências de vida radicais. Na história da Igreja, em particular, esses movimentos de reforma, às vezes "revolucionários" no início, muitas vezes oprimidos e condenados, foram numerosíssimos. Seus iniciadores aproximam-se dos integristas e dos fundamentalistas por sua posição "extremista". A diferença vem essencialmente do fato de que seu protesto ocorreu numa sociedade de ponta a ponta religiosa, sob um regime dito de "cristandade" ou em "Estados cristãos". O problema deles era a *reforma* da Igreja numa sociedade fundamentalmente cristã, e *não, como hoje, a manutenção* das posições da Igreja numa sociedade que já não é cristã.

Enfim, é importante não confundir com o integrismo o nacionalismo que se apoia na religião; em todo caso, os dois não se superpõem inteiramente. Os integristas são muitas vezes nacionalistas, é verdade: não fosse mais que em razão da forte implicação da política em suas convicções religiosas, eles enveredam facilmente por essa ladeira escorregadia. Mas nem a história nem a atualidade confirmam a confusão dos dois registros. Já recordei acima as posições antissionistas dos integristas judeus – ainda que, mais tarde, em razão dos perigos que ameaçavam a existência de Israel, alguns deles tenham se tornado defensores ferozes de *Eretz Israel*, do Grande Israel. Se olharmos do lado dos católicos, veremos, claro, os integristas franceses fazendo causa comum com a Frente Nacional[3] – em todo caso, com uma fração da Frente (um padre integrista celebra a missa na "festa Azul-Branco-Vermelho"); mas essa aliança talvez seja conjuntural, e podemos dizer também que o integrismo católico é "transnacional": embora tenha raízes fortes na França, não é especificamente "francês". O mesmo vale para as redes islâmicas: as da Al-Qaida congregam islamitas de vários países. Por sua vez, o fundamentalismo protestante pode ser cultivado em numerosos países sem registro nacionalista.

Seria sem dúvida necessário, em vez disso, dizer que o nacionalismo tende, sempre que pode, a arregimentar não apenas o integrismo como a religião em geral, mais ainda quando os conflitos de poder ou de territórios coincidem com identidades étnicas e afiliações religiosas: recentemente, a Iugoslávia conheceu esse caso típico. Por outro lado, embora alguns denunciem nele traços de arcaísmo, o nacionalismo – que não deve ser confundido com o amor e a defesa da nação – não é fundamentalmente oposto à modernidade, ao passo que os integrismos e os fundamentalismos têm, todos, um "problema" com ela.

Que problema? Assim como procurei trazer à luz algumas distinções – devidas antes de tudo à história antiga e recente – entre atitudes integristas e fundamentalistas, e no próprio seio dessas duas categorias, é importante também compreender que as rejeições – e as aceitações – divergem em relação ao que é designado como "moderno".

---

3. Partido francês de extrema direita. (N. do T.)

2

O que é a ruptura moderna?

"Modernidade" tornou-se uma palavra tão curinga que acabou por não querer dizer mais nada. Seu uso demasiado frequente irrita. Desperta, com razão, a desconfiança de que serve principalmente para confortar a geração atual que vive em seu sentimento de superioridade em relação a todas as que a precederam. Alguns até contestam, se não que a modernidade possui um conteúdo, pelo menos que constitui de fato a ruptura radical que seus partidários pretendem nela encontrar. Veem nela uma ideologia que possibilita, antes de mais nada, como todas as ideologias, que seus adeptos se justifiquem, que às vezes até deem uma legitimidade às suas torpezas, que talvez, na verdade, calem secretamente o aguilhão de certa culpa: sejam "modernos" e estarão certos de estar do lado do verdadeiro, do bom e do bem.

As críticas da ideia de modernidade comportam uma parte de verdade. Mas elas próprias são interessadas demais para serem levadas cem por cento a sério. Muitas vezes, estão a serviço da nostalgia de tempos melhores. Com frequência, em particular entre os líderes e os indivíduos religiosos, dissimulam o medo da mudança e justificam o imobilismo a pretexto de que não haveria nada de novo sob o sol. A melhor maneira de se manter a distância, tanto de uma valorização excessiva da modernidade quanto de sua rejeição, ainda é analisar alguns de seus elementos constitutivos. É o que proponho a seguir, selecionando as facetas a que reagem e em que esbarram, diversamente, os integristas e os fundamentalistas – reações e rejeições que serão abordadas no capítulo 4.

Autonomia

Entre todos os traços que caracterizam a modernidade, este é sem dúvida o mais importante. Com o mundo moderno, começa também a era da autonomia do homem. Como diz Immanuel Kant em resposta à questão posta em 1784 aos filósofos europeus: "O que são as Luzes?", é a entrada do homem em sua idade adulta, aquela em que ele deixa para trás seu estado de menoridade, a idade da infância em que segurava na mão de outrem para andar. Agora ele caminha sozinho, guiado apenas por sua razão. Pelo menos em tese, porque muitos, na realidade, não ousam se servir de sua razão, no entanto igualmente presente em cada um; preferem continuar a confiar sua sorte a um "outro", exterior à razão humana, quer se trate de um Deus, de uma Transcendência, da Tradição, da Natureza. Há que tomar a palavra em seu sentido etimológico: a *auto-nomia* (do grego *autós*, si mesmo, e *nómos*, lei) consiste, para o homem, em se governar de acordo com sua própria lei (razoável), em construir ele próprio sua cidade humana com sua razão, em manter-se de pé por si mesmo. A palavra se opõe a *hetero-nomia*, uma lei vinda de outrem, de que cumpre se emancipar.

O QUE É A RUPTURA MODERNA?

Trata-se, em todo caso nos primórdios da modernidade, de um ideal otimista sobre a capacidade que teria o homem de transformar o mundo e fazer dele um mundo humano, de romper a lei férrea da fatalidade que pesava sobre ele havia milênios. Esse ideal foi proclamado com estardalhaço pela Revolução Francesa e continuado no século XIX pela crença no progresso em todos os domínios, inclusive o moral, e na libertação de todas as correntes que agrilhoam os homens – um progresso e uma libertação em que aquele que tradicionalmente era chamado de "Deus" não tem nenhum papel a representar. Muito mais: na medida em que ele aparece como um rival do homem e como aquele que o mantém acorrentado, é preciso combatê-lo.

Democracia

Um modelo político se impôs como o único verdadeiramente moderno: o da democracia, quaisquer que sejam as formas particulares que ela assume nos países que a adotaram. Contrariamente a uma ideia muito difundida, a democracia não traz necessariamente a felicidade. Mas o contrato social implícito que ela supõe aparece como o mais razoável possível dos tipos de governo, ainda que não seja plenamente racional, em particular quando se vê o governo provindo de maiorias efêmeras, formadas às vezes em bases pouco racionais, para não dizer muitíssimo irracionais. Sobretudo, na democracia, por meio do sufrágio universal, o poder vem "de baixo", e teoricamente a vida democrática implica a participação do máximo de indivíduos no poder que eles próprios se atribuem; como regime dos indivíduos livres e iguais, ela significa o fim do "teológico-político", isto é, do poder garantido e consagrado "de cima", e portanto da autoridade sagrada; são determinantes a partir de então, em princípio, a discussão e a argumentação no pluralismo das opiniões, com a existência de uma opinião pública que supõe, pelo menos implicitamente, que todos tenham voz ativa.

Há um aspecto formal, claro, pois se sabe muito bem que as desigualdades subsistem e que as liberdades não são equitativamente divididas, mas esse lado formal também abriga em si uma dinâmica permanente para aumentar os espaços de liberdade e tornar a igualdade mais real. Mesmo os adversários da democracia, que evitam evocar essa contradição, aproveitam essa liberdade formal para promover suas ideias.

Todas as verdadeiras democracias instauraram a separação entre a religião e o Estado, ainda que a realização histórica e as modalidades concretas dessa separação divirjam muito conforme os países. O estatuto das religiões na Constituição, as vantagens que elas desfrutam ou, ao contrário, as restrições que lhes são impostas variam: assim, a França instaurou, após um vivo conflito, o princípio da laicidade do Estado republicano, que implica, entre outras coisas, que ele "não reconhece nenhum culto", isto é, que ele não reconhece o direito a nenhum deles (o fato de que, por outro lado, ele os "conheça" e de que sejam numerosos os vínculos, as passarelas, as intervenções entre o Estado e as religiões é outro assunto...); ao contrário, um país imediatamente vizinho, como a Alemanha, tem "cultos reconhecidos". Para lá das diferenças, numerosas, no que concerne ao seu regime de separação, todas as democracias dignas desse nome asseguram, sem exceção, a liberdade de consciência e de culto, inclusive a de mudar de religião, de não ter nenhuma religião, ou mesmo de professar abertamente sua falta de crença.

Uma característica suplementar deve ser mencionada. Ao contrário dos regimes políticos construídos com base em promessas de felicidade futura e de "amanhãs radiosos", cujo modelo foi fornecido no século XX pelo comunismo, a democracia não tem fim determinado (fim no duplo sentido de "finalidade" e de "ponto final"). Ela não corresponde a nenhuma "filosofia da história" e não conhece "fim da história". Ela tampouco sabe, *a priori*, o que seria sua melhor fórmula possível: assim como o andar se testa andando, ela não para de se elaborar pela discussão e pelo debate de ideias. Resulta daí uma incerteza e uma fragilidade permanentes das democracias (que poderiam ser sua força, mas o primeiro sentimento é o de uma desestabilização). Não é então de espantar que, numa conjuntura dada, indivíduos e grupos aspirem, em vez disso, às vezes com violência, ao retorno de certezas, de pontos de referência, de identidades afirmadas com força...

Secularização

Como disse, todas as democracias modernas praticam a separação entre a religião e o Estado, de acordo com um marco constitucional e jurídico variável. Mas, paralelamente, outro fenômeno tocou diretamente as religiões nos tempos modernos: a secularização da sociedade. Iniciada no século XIX, ela poderia ser comparada a um "trabalho de sapa" contínuo até nossos dias, só que essa expressão implica uma vontade maléfica que na realidade está ausente da ideia de secularização. Esta significa que, com os tempos modernos, acabou-se a grande integração entre sociedade e religião, que domina em todas as sociedades tradicionais. No Ocidente, esse tempo em que a vida cotidiana, em seus atos e em sua linguagem, era por assim dizer posta sob o Sinal da Cruz, em que o poder era "de direito divino", em que os saberes eram exercidos sob a autoridade e o controle da teologia, chama-se "cristandade". Mas em outros lugares, em particular nas regiões muçulmanas, as interações e as interpenetrações não eram menos fortes; é possível até que a confusão entre o religioso e o político tenha sido mais substancial ainda nas sociedades muçulmanas do que na Europa cristã.

A secularização significa a ruptura dessa unidade ou dessa confusão. Um depois do outro, os marcos sociais, partes inteiras da vida cotidiana (economia, política, cultura, saúde e vida social, direito...) subtraem-se mais ou menos brutalmente, ou silenciosamente, do domínio – ou do império – da religião, constituindo esferas autônomas, "secularizadas", com um saber e práticas cada vez mais especializados. Não é uma opção antirreligiosa, é uma necessidade para passar à modernidade, e muitas vezes o processo ocorre – ainda hoje – sem que os atores se deem verdadeiramente conta de que passam para um universo secularizado: eles simplesmente necessitam dessa autonomia para preservar seu modo de existência.

Assim, não se deve confundir a secularização com um mundo ou uma cultura "sem Deus" ou, *a fortiori*, "contra Deus": nos países secularizados, numerosos indivíduos podem continuar perfeitamente a ser crentes, aderir a comunidades, realizar suas assembleias e celebrar sua fé. Mas os lugares em que vivem e, principalmente, trabalham "funcionam" sem Deus, sem sinais visíveis de sua presença e sem recurso a seu nome – mas com diferenças notáveis conforme as

O QUE É A RUPTURA MODERNA?

regiões e os países: na Europa e, em particular, na França, sem ser explicitamente proibidos, esses sinais e esses recursos em público parecem no mínimo incoerentes e inadequados, mas isso é muito menos verdade nos Estados Unidos. No entanto, globalmente, pode-se falar de cultura ou de mundo que se desenvolvem "fora de Deus", "como se Deus não existisse", nem a favor dele nem contra ele, mas na indiferença em relação a ele – e, para espíritos religiosos, essa situação é talvez mais insuportável que uma oposição à sua crença.

Para uma boa compreensão desse tema da secularização, convém notar que o vocabulário não está claramente fixado. Para evocar a "secularização", alguns empregam o termo "laicização", ou mesmo "laicidade" (e "laico" ou "leigo" no lugar de "secularizado"). A meu ver, é melhor falar de "laicidade" para designar o marco jurídico da separação entre a religião e o Estado, e eventualmente de "laicização" para qualificar esse processo, ou a vontade de impô-lo quando ele ainda não vigora. Outros falam de "secularismo" em vez de "secularização", dando assim de saída uma nuance voluntarista e pejorativa à evolução das sociedades modernas no sentido da secularização. Mas, como disse, esse voluntarismo para suprimir a religião esteve em geral ausente do movimento no sentido da secularização. Ele existiu na França durante a Revolução, ou também no regime comunista do bloco soviético, em particular na Rússia comunista; e evidentemente teve efeitos destruidores, sem nunca chegar a extirpar definitivamente a religião, ou mesmo a impedir sua vitalidade.

Enfim, certos autores preferem evitar a palavra "secularização", porque ela sugere que a sociedade atual se tornou moderna separando-se, decerto, "da" religião, mas também "tendo um fundo de" religião. Em outras palavras, certas formas aparentemente profanas das sociedades ocidentais – o individualismo, a separação entre a Igreja e o Estado, os direitos humanos... – não seriam, hoje, nada mais que valores cristãos e/ou judaicos secularizados, tornados profanos. E portanto, de um lado, a modernidade não teria sido verdadeiramente criadora, inventora de rupturas e de novidades; de outro, ela seria assim tão profundamente ligada à história do Ocidente que a possibilidade para outros povos, que não os ocidentais, de ter acesso a ela deveria ser posta em dúvida. É impossível ir muito longe aqui nesse debate tão complexo. Digamos brevemente que, muito embora pareça difícil recusar sem mais a tese da secularização e considerar o advento da modernidade um fenômeno totalmente em ruptura com o que precede, sem raízes no passado ocidental, não vemos por que a história estaria escrita e excluiria definitivamente outras culturas do processo de modernização.

Direitos humanos

As democracias modernas são Estados de direito, isto é, Estados em que os direitos humanos são respeitados. Originalmente, os direitos do homem protegiam o indivíduo da onipotência do Estado, da invasão deste e de sua "razão de Estado": todo homem possui como homem uma dignidade intrínseca que merece respeito, e nenhum poder, nenhuma força pode ter razão suficiente para pô-la em xeque. Desde o início, a democracia moderna se confrontou com esta dualidade: de um lado, o Estado e seus múltiplos papéis; do outro, o indivíduo cidadão cujos direitos afirmam-se cada vez mais. Na democracia, as duas "forças" andam de mãos dadas.

O QUE É A RUPTURA MODERNA?

É provável que, por um tempo consideravelmente longo (se contarmos a partir da Revolução francesa, cerca de um século e meio, até os anos de 1950), o Estado representou o polo poderoso.

Ora, há décadas, ele cede terreno em proveito da afirmação do indivíduo. A própria lei democrática tornou-se tolerante, permissiva, acolhedora, em relação ao reconhecimento das diferenças individuais, inscritas com cada vez maior frequência no direito. O individualismo, com um componente "liberal-libertário", tornou-se um traço essencial das democracias modernas – com risco de debilitar consideravelmente sua capacidade coletiva de enfrentar os desafios internos e externos que se apresentam, e não sem contradições. Assim, em nome desses direitos do indivíduo – frequentemente invocados como "direitos humanos" –, e por um paradoxo apenas aparente, comunidades, tribos e seitas prosperam, também e principalmente na época do individualismo. E eles reivindicam não apenas o reconhecimento de sua diferença, mas também novos direitos. Alguns apelam então ao Estado para que este impeça o "comunitarismo": mas com que "direito" recusar a uns o que a lei concede aos outros? Essa expansão sem limites dos direitos individuais, sem contrapartida, paralelamente à "juridicização" crescente da sociedade civil, inquieta os bons observadores da vida pública, porque ameaça a coesão social e enfraquece o político.

Mundo científico e técnico

A modernidade é uma mistura, ou uma conjunção, de ideias e de realizações sociais. Entre estas últimas, as inven-

… ções científicas, e as técnicas que delas decorrem, ao mesmo tempo transformaram o mundo vivido pelos homens e modificaram profundamente as imagens e as representações que tinham de si mesmos e de seu lugar na natureza. Desta última, eles podem ter a sensação de que se distanciam cada vez mais, ou que ela se distancia, em benefício de um mundo cada vez mais artificial, cada vez mais fabricado. Nos primórdios da modernidade – na verdade, durante quase dois séculos – dominou a ideia de que a grandeza do homem reside nesse domínio indefinido da natureza – a natureza exterior e a sua; todo domínio suplementar é considerado então um progresso, o qual aliás não tem nenhuma razão para se deter. A fatalidade evocada acima, todas as fatalidades serão um dia vencidas pela ciência: era essa a esperança dessa "religião do progresso".

Desde há muito tempo, essas perspectivas de vitória sobre a necessidade que envolve a condição humana parecem se distanciar, pelo menos a curto e médio prazo. No entanto, uma sociedade generalizada de consumo e de bem-estar sem precedente instalou-se ou se instala em todos os países que seguem esse caminho da modernidade científica, técnica, econômica – *a fortiori*, podem-se explorar recursos naturais consideráveis em seu território (é o caso de todos os que possuem petróleo). Esse bem-estar nesta vida terrena parece, pelo menos superficialmente, afastar de muitos a preocupação – ou o temor – quanto a um outro mundo por vir, e nesse sentido ele contribui para a secularização dos espíritos: "Deus", ou o que se chama por esse nome, torna-se inútil.

Além de uma idade em que ciências e técnicas invadem o imaginário e a vida cotidiana dos homens, a modernidade

O QUE É A RUPTURA MODERNA?

nutre um ideal não dito, mas onipresente: adaptar em toda a parte os meios aos fins para obter os melhores resultados com o máximo de eficácia, racionalizar as estruturas da vida coletiva, ou organizar racionalmente as grandes esferas de existência e de produção da sociedade (escola, administração, saúde, economia...). Assim, na vida social, a intervenção do direito torna-se onipresente e tende em toda a parte a substituir as relações inter-humanas diretas. Não é de espantar que nessas condições a "burocracia" e o anonimato progridam no mesmo ritmo.

Uma cultura histórica e uma razão crítica

Outros aspectos de nossa cultura moderna poderiam ser mencionados. Em primeiro lugar, a importância, para os modernos, da história. Não que o passado histórico seja muito bem conhecido hoje em dia: ao contrário, ele o é provavelmente menos que em outros tempos, e, como já se observou com frequência, a voga das comemorações bem como a importância dos museus e das exposições de todo gênero atestam muito mais a má saúde da memória histórica que sua vitalidade.

Com a "importância da história", quero falar sobretudo do sentimento da "historicidade" de toda coisa, logo do sentimento de seu caráter efêmero, caduco, relativo. "História" opõe-se aqui a "natureza", que sugere o caráter imutável, eterno ou atemporal de toda realidade; eventualmente também à ideia de que as coisas são imutáveis, se não intocáveis, "sagradas" por conseguinte. À ideia de história relacionam-se, ao contrário, as de novidade, de criação, de liberdade e de vontade de resistir ao destino, o pensamento da impermanência de toda coisa.

A cultura moderna também é, fundamentalmente, uma cultura crítica. Afinal, os livros de filosofia absolutamente maiores que anunciam, como as três batidas [de Molière], o levantar do pano da modernidade são as três *Críticas – da razão pura* (1781), *da razão prática* (1788), *da faculdade do juízo* (1790) –, de Immanuel Kant. No prefácio da primeira *Crítica*, ele escreve: "Nosso século é o verdadeiro século da crítica: nada lhe deve escapar. Em vão a religião, por causa de sua *santidade*, e a legislação, por causa de sua *majestade*, pretendem subtrair-se a ela. Elas provocam com isso contra si justas suspeitas e perdem todo direito àquela sincera estima que a razão só concede a quem pôde sustentar seu livre e público exame." Aliás, na aurora dos tempos modernos, Descartes não tinha dito outra coisa em seu *Discurso do método* (1637): "O primeiro preceito era nunca aceitar nenhuma coisa como verdadeira, se eu não a conhecesse evidentemente como tal; isto é, evitar cuidadosamente a precipitação e a prevenção; e não compreender em meus juízos nada mais do que o que se apresentasse tão clara e tão distintamente a meu espírito que eu não tivesse nenhuma ocasião de pô-lo em dúvida."

Pouco importam aqui os avatares da crítica nos dois últimos séculos, a passagem às "filosofias da suspeita", para retomar a célebre expressão de Paul Ricoeur a propósito de Marx, Freud e Nietzsche, e as rejeições e os recuos diversos que o espírito crítico sofreu; ademais, a "crítica da crítica", ou pelo menos seus corretivos, também é um exercício que não faltou na história da filosofia moderna. Pouco importa também o impacto dessa mentalidade crítica na sociedade: ante a história violenta dos dois últimos séculos, um observador verdadeiramente crítico poderia achar que os homens no poder e os indivíduos em geral foram particularmente cegos em momentos cruciais e que a reflexão do próprio Kant sobre "a paz perpétua" (1795) teve muito pouco eco. E, atualmente, outro observador poderia com alguma razão julgar que o conformismo e a ausência de espírito crítico, ou a crítica perfeitamente conformista, atingiram o auge na era dos meios de comunicação de massa.

Mas, por um lado, tanto no caso da crítica como no resto, deve-se evitar raciocinar em termos de progresso sem descontinuidade. O esforço contra a facilidade e o entorpecimento continua sendo permanentemente necessário: "ousar pensar", dizia Kant. Por outro lado e sobretudo, por "era da crítica" deve-se entender que nada poderia escapar da crítica, ou que tudo é criticável: já não há objeto tabu, já não há absoluto, em particular o absoluto ou o tabu de uma Transcendência, de uma Tradição, de uma Natureza, de um Sagrado, de uma Autoridade recebida de uma vez por todas. De direito, e não simplesmente de fato, a modernidade rejeita as questões reservadas, ao abrigo da crítica e da avaliação. Como sugeria a citação de Kant, nenhuma realidade, inclusive a mais "santa" e a mais "majestosa", pode ter pretensões a uma legitimidade em si, ter "direito a uma sincera estima", antes de ter respondido às questões da crítica, sem o que ela "provoca contra si justas suspeitas". Depende disso a credibilidade do que tem pretensões a um poder, ou a confiança que se pode conceder aos que exercem uma autoridade. Kant fala da necessária passagem pelo "tribunal da razão".

Pós-modernidade?

Resta saber o que vale essa "razão" triunfante. No decorrer dos séculos XIX e XX, ela sofre vivos ataques, desde os sarcasmos de Nietzsche em nome da afirmação da vida (contra a razão que raciocina, racionaliza e desseca) até as críticas contra os desvios da "razão instrumental", por meio de uma vontade sem precedentes de domínio da natureza, domínio predador cujos resultados diretos e indiretos vimos no século XX: destruição da natureza e do meio ambiente, guerras mundiais com um número de vítimas incrivelmente elevado "graças" aos progressos tecnológicos dos armamentos e ao planejamento científico da eliminação de populações inteiras, violência exponencial, portanto, e sensação de fracasso absoluto da ideia de "progresso moral".

Mas esse balanço negativo da "primeira modernidade" não apaga os progressos materiais que beneficiam um número crescente de indivíduos nas sociedades desenvolvidas (que ao mesmo tempo são, muitas vezes, as sociedades democráticas ocidentais ou oriundas do Ocidente): maior bem-estar e nível de vida mais elevado, acesso da maioria ao consumo, aumento da duração da vida etc.

Principalmente, como se disse, um fenômeno considerável estende-se durante a segunda metade do século XX: o individualismo. Alguns insistem sobre a antiguidade da ideia de indivíduo, que fazem remontar à... época medieval. Outros, como Louis Dumont, tentaram mostrar suas raízes cristãs. Sem ir tão longe, podemos lembrar que a Revolução proclamou o advento dos indivíduos livres e iguais. Ela punha o indivíduo em face do Estado e dava-lhe direitos em face da razão de Estado. O princípio estava enunciado: o individualismo

O QUE É A RUPTURA MODERNA?

podia desde então se afirmar e se estender. Era verdade em direito, mas nos fatos? Na realidade, para lá das vicissitudes da história nos séculos XIX e XX, os ideais da Revolução (como data e acontecimento simbólicos, claro) impuseram-se progressivamente nas mentalidades. Por muito tempo, eles foram vividos antes de mais nada por minorias: intelectuais e artistas, burguesia urbana – e olhem lá! Teoricamente, todos os indivíduos são emancipados. Praticamente, muitos continuam presos em estruturas autoritárias e coercitivas da liberdade. Assim, continua-se a cultivar os valores de disciplina, obediência, respeito às hierarquias estabelecidas, ordem, esforço e abnegação, no âmbito de convenções rígidas. A família, a escola, a Igreja e o exército, a polícia e a justiça, os partidos, os sindicatos, a empresa guardam e transmitem esse estado de espírito, aceito aliás sem críticas pela maioria.

A ruptura com essa mentalidade de ordem e de disciplina se produz depois de 1950-1960. Daí em diante passam a contar, e contarão cada vez mais, a realização de si, o desenvolvimento e o êxito pessoais, os valores hedonistas, o princípio de prazer, os comportamentos não impostos. Na "era do narcisismo", como Christopher Lasch a chamou, leva-se em conta o desejo dos indivíduos: as leis e os regulamentos continuam existindo, claro, mas muitas vezes eles "permitem" mais do que ordenam. A era dos direitos anuncia o "crepúsculo do dever" (Gilles Lipovetsky). Os próprios direitos humanos, numa confusão mais ou menos desejada, muitas vezes adquirem o sentido de direitos suplementares para os indivíduos. "É minha opção", pode-se traduzir assim: "É meu direito." A "sinceridade" de um procedimento suplanta uma verdade "objetiva" recebida: não há verdade que não seja pessoal, e todo raciocínio ou todo critério em termos de oposição "verdadeiro/falso" não tem mais sentido. É melhor falar em termos de "bom" e de "mau" (para mim). Sob as palavras de ordem políticas e sociais das revoltas estudantis dos anos 1960 – em particular de Maio de 68 –, vários leem hoje muito mais as reivindicações de uma liberdade individual sem limites do que a aspiração a uma libertação coletiva.

Politicamente, o desengajamento torna-se considerável. A democracia é instalada: não há mais necessidade de lutar por ela ou de lhe dar alguma vitalidade. O fim das ideologias parece arrastar consigo o próprio ideal democrático. Os "pequenos relatos" individuais, os das pequenas felicidades possíveis para cada um substituem os grandes relatos de antes, que contavam uma aventura coletiva para a humanidade: os grandes relatos cristão, marxista, republicano... Lembremos ainda simplesmente que, do lado científico e tecnológico, a sociedade de informação e de comunicação muda o jogo, tanto em relação às revoluções industriais que marcaram a época moderna como no que concerne às relações inter-humanas: ingressamos na sociedade do espetáculo, das mídias, da hiperinformação, das redes de comunicação globalizadas, da "aldeia planetária", de um tempo hiper-recortado, sem duração porque fragmentado infinitamente em instantes sucessivos sem espessura e sem relação uns com os outros; já o espaço parece se abrir infinitamente ao mesmo tempo que fecha, de modo paradoxal, os horizontes e relativiza no fim das contas todo lugar, toda situação estabelecida, toda verdade.

Poderíamos continuar essa descrição. Ela nos interessa aqui por duas razões. Primeiro, por uma questão de definição. De fato, de acordo com numerosos observadores, teríamos entrado numa nova época, a da pós-modernidade (ou da hipermodernidade, ou da ultramodernidade), que rompe com exigências e aspectos importantes da modernidade, que inaugura simplesmente uma outra era. Eu me contento com evocar essa discussão da continuidade ou da descontinuidade entre duas épocas. Como outros, prefiro pensar que estamos no novo, que estava inscrito nas origens, nos temas prediletos e nas evoluções do mundo moderno. De resto, esse passado não foi apagado: vivemos, ao contrário, na coexistência, que se tornou caótica e inapreensível, é verdade, da modernidade e da pós-modernidade. Depois, e sobretudo, as marcas distintivas do que é designado como pós-moderno ou com outro nome são esclarecedoras, e é bem possível que a reação fundamentalista e integrista esteja ligada a elas, como veremos mais para a frente.

3

Como as religiões se tornam "modernas"?

Como as grandes tradições religiosas "acolheram" a modernidade? Antes disso, como se apresentavam no momento de ingressar nela? O rodeio histórico que vamos fazer me parece importante unicamente para compreender melhor, por contraste, as reações integrista e fundamentalista. Não entrarei portanto em todos os detalhes que não deixariam de trazer os historiadores da França e dos Estados Unidos (os dois países que vou apresentar), especializados no período entre os séculos XVII e XX. Vou me contentar aqui com evocar acontecimentos e características que podem esclarecer os temas do integrismo e do fundamentalismo.

Ao contrário da afirmação inconveniente da última proposição do *Syllabus* católico, evocada acima, todas as religiões e confissões precedidas de uma longa história e de uma velha tradição tiveram de "transigir" mais ou menos com os tempos modernos, e portanto sair da intransigência, aceitar rupturas, efetuar ajustes, empreender reformas. Podemos acrescentar que esse processo ainda não está concluído. No entanto, uma vez enunciado esse princípio geral, o ingresso das religiões na modernidade se mostra muito diverso e contrastado. Ele comporta numerosas dimensões, facetas e camadas, ligadas por sua vez à sua história e à sua tradição, à sua forma institucional, a seu tipo de crença, à sua atitude geral diante do mundo. Reciprocamente, a atitude desse mundo, isto é, do país e da sociedade em que elas estão implantadas, pode ter desempenhado um papel importantíssimo em sua evolução. Enfim, o ritmo dos "avanços" foi muito desigual, não apenas entre religiões, mas também no seio de cada religião, e também em relação aos diversos elementos que constituem a modernidade.

Dois aspectos foram determinantes: de um lado, a ruptura entre o religioso e o político e, de outro, o reconhecimento – ou a recusa – da secularização da sociedade. Mas, já que a modernidade significa o ingresso em sociedades que já não estão sob o domínio do religioso, que significa então, *a contrario*, uma sociedade posta sob a dominação da religião? Tomarei, de um lado, o exemplo da França sob o Antigo Regime, entre os séculos XVI e XVIII, naquele momento particular do regime do Estado dito "confessional", na Europa. A França representa então um dos modelos mais integrados, um país onde um milênio de história cristã tornou máxima a imbricação entre os dois poderes, político e religioso, e onde portanto a ruptura foi particularmente difícil e até violenta. De outro lado, no século XVIII, os Estados Unidos da América tinham uma tradição extremamente breve atrás de si. Sobretudo, diferentemente do modelo da França e da maioria dos outros países da Europa, lá a religião, mais intensa talvez que na velha Europa, foi de início posta sob o signo do pluralismo. Com isso, não somente a separação se fez suavemente, como seu resultado foi bem diferente. Entre esses dois extremos, as democracias modernas que efetuaram a separação entre o religioso e o político e foram tocadas pela secularização apresentam todo tipo de casos possíveis.

A FRANÇA RELIGIOSA ANTES DO SÉCULO XIX: UM ESTADO "CONFESSIONAL"

Na Europa, portanto na área das Igrejas cristãs, a entrada em cena da modernidade coincide em parte com o fim do chamado período dos Estados ditos "confessionais" e com a constituição das nações no sentido moderno da palavra. Os "Estados confessionais" tinham se estabelecido na Europa depois das guerras de religião, no século XVI, de acordo com o princípio *Cujus regio, ejus religio*: essa fórmula significa que cada Estado tinha agora sua religião oficial, ou uma religião de Estado que também era a religião do soberano. A ideia de um pluralismo religioso, isto é, de uma separação entre confissão religiosa (escolhida) e cidadania (obrigada), ainda era impensável: ela parecia pôr em risco a unidade da nação e enfraquecer o Estado. Era um fator de desordem, porque só podiam ser leais, pensava-se, os súditos que compartilhavam a fé do soberano. De resto, a ideia de uma verdade plural parecia igualmente absurda: só podia existir uma verdade, e cada um – católico, protestante, ortodoxo... – estimava ser seu único detentor.

"Uma fé, uma lei, um rei"

A imbricação do religioso com o político, e vice-versa, é máxima então. Todo poder provém de Deus, está arraigado no absoluto e possui portanto um caráter sagrado. A Igreja, que confere esse poder quando da sagração do soberano, o avaliza. Por sua vez, o príncipe protege os interesses e os privilégios da religião de Estado. Por outro lado, detém na maior parte do tempo o poder de nomear e controlar os dirigentes religiosos; estes últimos serão mais de uma vez associados diretamente ao exercício do poder, como conselheiros políticos do rei ou como ministros – e até como "primeiros-ministros", para empregar o termo de hoje (Richelieu e Mazarin são os mais conhecidos, no caso da França). O poder político garante também os bens – consideráveis – das Igrejas e seus meios de subsistência, por meio do imposto do dízimo. Ele participa, e quanto!, da luta contra a heresia e serve de "braço secular" – de polícia – da Igreja. Vai mais longe até, intervindo nos assuntos propriamente religiosos, doutrinais e outros.

Um exemplo, que nos parece aberrante hoje, mostra até onde iam as prerrogativas do rei. Pouco importam aqui o conteúdo preciso e as sutilezas do "quietismo": a doutrina espiritual defendida por Madame Guyon (1648-1717) pregava um abandono radical a Deus, um repouso absoluto nele, logo uma espécie de passividade que parecia pôr em risco a ideia de que um cristão também deve fazer o bem e praticar a caridade para ser salvo. Acontece que Madame Guyon havia estreitado laços com Madame de Maintenon, a favorita do rei, antes de se desentender com ela. Defendida por Fénelon, bispo de Cambrai, foi no entanto combatida por Bossuet, bispo de Meaux e teólogo do rei. O caso se agravou e tornou-se político, com Madame Guyon tendo seus partidários e seus adversários, a tal ponto que o próprio Luís XIV pediu ao papa que interviesse e a condenasse. Dá para imaginar uma questão assim (a natureza da espiritualidade cristã) adquirindo tais dimensões hoje e um chefe de Estado intervindo nela? Esse foi apenas um caso entre os inúmeros desse gênero que dividiram os espíritos e contribuíram, no fim das contas, para minar a confiança na Igreja mais seguramente do que todas as críticas filosóficas a ela. Particularmente grave e com implicações políticas decisivas foi a longa crise jansenista, que opôs Luís XIV e uma parte dos bispos e da Igreja da França a outra parte: essa crise não cessou até a Revolução, e até, de certo modo, a preparou.

"Uma fé, uma lei, um rei": mais de uma vez, os soberanos viram-se tentados a resolver de maneira autoritária, pela expulsão ou pela conversão forçada, o problema dos inevitáveis refratários a essa divisa do Antigo Regime – a revogação do edito de Nantes por Luís XIV, em 1685, é a manifestação mais tristemente célebre dessa tentação. Todavia, a tolerância não estava mais de todo ausente dos séculos "confessionais". Sem dúvida, o edito de Nantes, justamente o único a estabelecer um verdadeiro direito das minorias, não durou muito. Mas principalmente em Amsterdam acolhiam-se os dissidentes religiosos de toda a Europa; e outros países protestantes (essencialmente), além da Rússia e até da Hungria, que fazia parte do império austro-húngaro, admitiram certo pluralismo. No entanto, este só marcará pontos para valer em fins do século XVIII.

Uma sociedade sob o domínio da religião

O aspecto político não é o único pertinente para compreender o que se segue. Porque também é importante ter consciência de que a sociedade inteira permanece então inteiramente religiosa. Esta não apenas continua fundamentalmente no regaço religioso como vive num âmbito inteiramente dominado pelas imagens religiosas. As grandes instâncias da sociedade – a justiça e o direito, a saúde, o ensino – são mais ou menos exercidas pelas Igrejas ou controladas por elas. A prática religiosa do culto oficial pode sim fraquejar aqui ou ali, principalmente em certas regiões e entre o sexo masculino, mas continua sendo enorme. As festas de Cristo, da Virgem, dos santos (em países católicos), em outras palavras, o calendário religioso, ritmam o tempo; o espaço – o espaço da natureza, da cidade e da aldeia, da casa – é santificado por sinais de todo tipo: capelas, calvários, crucifixos, quadros... As devoções paralelas, admitidas ou não pela Igreja, são legião, tanto mais que as pessoas vivem não somente numa sociedade de fio a pavio religiosa, mas numa era anterior à ciência moderna, numa visão de mundo sacralizada, numa natureza encantada e num universo de encantamento, em que a magia e as crenças "supersticiosas" podem ter livre curso. O sentido dado à vida, e mais ainda à morte, a distinção entre o que é certo e o que é errado, entre o que se deve fazer ou não, permanecem inteiramente dominados pelo que a religião oficial ensina. Somente esse domínio explica a importância, para o conjunto da sociedade, de querelas teológicas que se tornaram totalmente opacas e sem interesse para nós, como a que opôs os jesuítas e os jansenistas, ou os laxistas e os rigoristas, a propósito da natureza, da graça e da liberdade humana.

É preciso ter esse pano de fundo em mente para compreender as crises, as crispações, as lentidões da separação entre a religião e o Estado e, na França, os sobressaltos e as dores desse parto, com o conflito vivo e duradouro entre a Igreja católica e a República. Será que, a esse respeito, devemos repetir o refrão "a culpa é de Voltaire?" (assim como de Rousseau, Diderot e tantos outros)? É duvidoso. É verdade que, a partir do século XVIII e mesmo do século XVII, houve filósofos – hoje em dia se diria que houve "intelectuais" –, críticos às vezes implacáveis não apenas da Igreja, mas da religião em geral; houve também "libertinos" ou "espíritos fortes" cujo comportamento logo se emancipou da disciplina eclesiástica. Uns e outros prepararam o terreno. Mas os historiadores estimam atualmente que o papel deles foi superestimado na preparação da Revolução, porque na época atingiam uma faixa muito pequena, quase ínfima, da população. É bem possível que sua influência, na França, tenha sido mais profunda sobre a forma do Estado: um Estado republicano esclarecido no lugar do despotismo esclarecido, um Estado jacobino que representa a única fonte de autoridade, de legitimidade e de moralidade, e por conseguinte concorrente intratável da religião católica, na medida em que ela também pretende exercer esse papel.

Na realidade, para explicar a violência revolucionária, podemos apontar sobretudo para a própria religião, isto é, para a Igreja católica, religião do Estado sob o Antigo Regime. Por um lado, seus vínculos com o poder – um poder absoluto, despótico – foram muito fortes, e seu destino parece portanto ligado ao da monarquia: um poder político deslegitimado arrastará o poder religioso em sua queda. Por outro lado, nos conflitos internos que abalaram essa Igreja, principalmente o conflito entre jesuítas e jansenistas, podemos dizer que os "rigoristas" venceram a partida na opinião pública, por um paradoxo que não é tão raro assim. Em particular, quando a

Igreja recusou o acesso aos sacramentos aos fiéis que seguiam os jansenistas e não aderiam à bula *Unigenitus* condenando estes últimos, ela própria deu uma imagem de intolerância e de falta de misericórdia que a desconsiderou duradouramente diante de seus próprios fiéis.

Sons e fúrias de uma separação

Por todas as razões que precedem, a história da separação entre a Igreja e o Estado na França conheceu sons e fúrias sem comparação com outros países da Europa cristã.

Primeiro vem o intermédio revolucionário, cujos episódios essenciais são conhecidos: nacionalização dos bens do clero já em novembro de 1789, tendo como contrapartida a remuneração do clero pelo Estado; Constituição civil do clero em 1790, que se propõe organizar a Igreja de acordo com os novos princípios proclamados: em particular, os bispos e o clero serão eleitos pelos cidadãos, e as dioceses coincidirão com o território dos novos departamentos; depois da condenação da Constituição pelo papa (em 1791), recusa de uma parte do clero a prestar juramento, divisão da Igreja em "constitucionais" e "refratários" – divisão que já anuncia a guerra das "duas Franças". Segue-se uma escalada. Massacres de setembro de 1793: mais de mil católicos (bispos, padres, frades e freiras, simples fiéis) são assassinados na prisão por hordas de matadores descontrolados; tentativa de extremistas de levar a cabo uma descristianização radical, a fim de abolir o tempo cristão, instaurando um calendário republicano, e o espaço cristão, pela profanação e destruição de edifícios e estátuas seculares.

COMO AS RELIGIÕES SE TORNAM "MODERNAS"?

Notemos simplesmente, do ponto de vista da laicidade do Estado, o contrassenso que representavam a Constituição civil do clero ou mesmo a assunção pelo Estado da remuneração de "funcionários" religiosos: era o oposto da separação, porque essas medidas mantinham a imbricação entre religião e política e prolongavam de fato, em benefício (aparente!) da República, a tradição monárquica de ingerência nos assuntos religiosos. A verdadeira abertura vinha, na realidade, do artigo X da Declaração dos Direitos do Homem e do Cidadão, que proclamava que "ninguém pode ser molestado por suas opiniões, inclusive as opiniões religiosas": isso poderia ter sido o início de uma verdadeira separação, porque já não ligava cidadania e confissão religiosa e instaurava de fato o pluralismo. A separação ocorrerá alguns anos mais tarde (em 1795), mas sem consequências importantes em razão da própria situação revolucionária, já em declínio.

Na realidade, retrospectivamente, e salvo num ponto certamente essencial – a cidadania que daí em diante protestantes e judeus usufruíam plenamente –, poderíamos dizer que não foi no domínio das relações entre religião e política, no sentido estrito, que a Revolução representou o maior papel, mas sim no avanço da secularização que ela provocou por meio de medidas decisivas: laicização do registro civil, instauração do divórcio, supressão das ordens religiosas e abolição do celibato dos padres. Estas duas últimas medidas foram tomadas num espírito de "libertação" em relação ao domínio da religião sobre certos indivíduos: segundo os "emancipadores", eles haviam sido levados a escolher condições de vida que alienavam sua liberdade pessoal. Notemos que essa suspeita continua presente hoje em dia, quando se trata de legislar a propósito das seitas e quando se supõe que seus adeptos não entraram e permaneceram livremente nelas...

Antes da laicidade e da separação, a Concordata

A continuação é conhecida. Em 1801, Napoleão I firma com a Santa Sé a Concordata. Os bens do clero não são restituídos (um velho caso que permanece atual: basta pensar nas discussões e nas reivindicações nos antigos países da Europa Oriental, depois do fim da cortina de ferro em 1989, a propósito dos bens da Igreja espoliados pelo regime comunista). A pluralidade dos cultos não é questionada: no máximo, o catolicismo conserva o privilégio de ser a "religião da maioria dos franceses". Em compensação, fica-se na linha "monárquica", porque os "artigos orgânicos" que acompanham a Concordata propriamente dita preveem a nomeação dos bispos pelo governo – a Igreja rejeita essa pretensão do Estado. Este assume também a remuneração do clero e subvenciona, em geral (e em princípio!), as diversas necessidades materiais da Igreja. As comunidades religiosas serão submetidas ao controle, às vezes minucioso, do Estado por meio da "política dos cultos", da alçada do ministro do Interior. Poderíamos dizer que, com Napoleão, a religião, como fé e confissão, torna-se exterior ao Estado, indiferente às doutrinas religiosas e à teologia, na medida em que estas não perturbem a ordem pública: todo cidadão pode, desse ponto de vista, nutrir as crenças que bem entender. No entanto, o Estado não é indiferente à organização dos cultos. Mais ainda, Napoleão, assim como os revolucionários antes dele, não imagina que um povo e o Estado que o governa possam ser privados de moral e de ordem. Ora, onde encontrá-las senão na religião?

O papa aceita, mas a contragosto, a Concordata, que vai permitir que a Igreja dividida e dizimada pela Revolução seja reunificada e reconstruída. Em contrapartida, ele não contribuirá em nada para reconciliar a Igreja católica com o mundo moderno. De fato, ao longo de todo o século XIX, na França, a Igreja continua a rejeitar todas as evoluções em direção à república e à democracia. Traumatizada pela Revolução, ela se transforma em "contrassociedade", tornando-se ao mesmo tempo cada vez mais "ultramontana", isto é, ligada exclusivamente a Roma e ao papa. O único momento em que uma parte da Igreja católica na França parece tentada pela aventura moderna é a revolução de 1848: Jesus é celebrado como o primeiro republicano e o Evangelho como a fonte da fraternidade. Mas isso só dura as semanas de uma revolução. Em 1852, a Igreja prefere a aventura ao lado de Napoleão III – para grande decepção de muitos, entre eles Victor Hugo, que nunca o perdoará por isso.

A República é proclamada em 1871. Quando uma maioria de esquerda se instala no Parlamento alguns anos depois, a sorte das relações entre a Igreja e o Estado é selada, e selada legalmente, se não pacificamente. De fato, em 1882, Jules Ferry instaura a escola gratuita e obrigatória, mas principalmente "laica", isto é, o ensino religioso é vetado nas escolas primárias. Diante das religiões, a escola é "neutra", mas no sentido positivo da palavra: respeito a todas as confissões e a todas as crenças, o que exclui, em princípio, um ensino antirreligioso. Nela se ensina também a "moral sem epíteto", isto é, sem vínculos com uma tradição religiosa, qualquer que seja – ainda que essa moral laica sem epíteto se pareça como uma irmã à moral cristã. Enfim, em 1905, depois de diversas peripécias, o Parlamento vota a separação entre as Igrejas e o Estado: uma lei cujo espírito liberal hoje se reconhece, mas que na época desencadeou as paixões entre as "duas Franças".

O século XX assiste em seguida à lenta mudança de posição da Igreja católica: sua aceitação da República democrática e laica, sua abertura para o mundo moderno no concílio Vaticano II na década de 1960, sua profunda crise interna e seu recuo na sociedade francesa nas últimas décadas do século. Poderíamos dizer: a separação "à francesa" foi feita, sem retorno, em 1905, no entanto toda sorte de acomodamentos ocorrerá mais tarde; em compensação, a secularização prossegue seu trabalho silencioso, fora da Igreja e também dentro dela. Mas deixemos a descrição dessa evolução aos historiadores e aos sociólogos da religião.

A "saída" francesa da religião

O que se deve reter dessa "saída" francesa da religião? Alguns pontos importantes em relação ao nosso tema podem ser frisados. Em primeiro lugar, na "França católica", toda essa transformação foi antes de tudo e por muito tempo um processo unilateral e, por isso, muito conflituoso. A laicização foi imposta a uma Igreja que se encerrou em sua redoma contrarrevolucionária e exagerou o clericalismo e a "reação": donde um feroz anticlericalismo em troca, quase perseguidor e repressivo em determinados momentos. Os líderes católicos foram incapazes de considerar outra coisa que não fosse um Estado cristão que impõe sua lei religiosa à sociedade, ou uma sociedade cristã vivendo de acordo com os princípios cristãos (é isso, ao ver da Igreja, a condição para manter a ordem social), mesmo que, nessa sociedade, o número de "não crentes" – indiferentes, agnósticos, ateus declarados – não tenha parado de progredir.

COMO AS RELIGIÕES SE TORNAM "MODERNAS"?

Em seguida, cumpre notar que as etapas finais – laicidade da escola e separação entre a Igreja e o Estado – se realizaram com Parlamentos democraticamente eleitos. Houve certamente alguns bolsões de resistência, quando da expulsão dos religiosos, por exemplo, mas globalmente os franceses não se revoltaram; ao contrário, os governos que haviam tomado essas medidas foram reeleitos. Essa aprovação da população, ainda que passiva, significa que o processo de laicidade e de separação intervinha numa França que se havia secularizado no correr do século XIX, com a industrialização, a urbanização, a instrução, a educação e até o pluralismo religioso. A adesão tácita da população a um Estado não religioso recorda também que, na Europa, a ideia amadureceu e o processo desenrolou-se na longa duração: um século e meio, ou mesmo dois, se contarmos das Luzes ao século XVIII. Os espíritos, também em meio ao povo, tiveram tempo para evoluir. No entanto, na França, a violência que marcou essa história foi proporcional à fortíssima imbricação entre "Deus e o poder", numa nação constituída bem cedo. Nos outros Estados europeus, a evolução se fez de maneira muito mais pacífica.

Note-se que um olhar exterior, avaliando a situação de maneira mais distanciada, também podia ser mais lúcido: como lembrei, em 1890 o papa Leão XIII, temendo a ausência total dos católicos da cena pública, convidou-os indireta mas claramente a aderir à República... A "Adesão", é claro, não foi aceita rapidamente e com satisfação, mas o episódio sugere que, em caso de impasse religioso em nível nacional, e mais ainda de nacionalismo religioso, frequente ainda nos dias de hoje, uma autoridade ou uma instância externa "supranacional" pode ser útil para tentar desatar esse nó mortal – mortal antes de mais nada para as próprias religiões. (É verdade que no islã atual, a que aludo, as influências externas, em relação à França, atuam muito mais no sentido do fechamento.) No início do século XX, durante a Grande Guerra, o papa Bento XV tentou, do mesmo modo, apartar os bispos franceses e alemães de seu respectivo nacionalismo – em vão. No caso da Adesão, outro fator teve um papel ativo: a recusa sectária e duradoura de uma grande religião, por definição plural, permeada de debates, de tensões e de conflitos, tinha limites. Um século de reclusão e de recusa trazia o risco de se tornar suicida.

Enfim, ainda que a lei de 1905 possa ser considerada liberal, a França apresenta um modelo de separação e de laicidade particularmente radical (a palavra "laicidade", como se disse com tanta frequência, não tem equivalente em outras línguas e em outros países). A religião não tem nenhuma utilidade social, não traz nada à coletividade, é unicamente uma questão privada dos indivíduos; o Estado apenas assegura a liberdade de culto: em teoria, ele é indiferente e incompetente em matéria religiosa. Por outro lado, e em parte por essa razão, a França é um país particularmente secularizado: ao mesmo tempo que desfruta todas as liberdades, a religião está, aqui, globalmente, muito mais "ausente da paisagem" do que em outros países. Matizando, poderíamos generalizar essa constatação: a laicização do Estado e da sociedade, em todo caso a crítica à religião e a oposição ao religioso são em geral mais fortes nos países de tradição católica, onde a Igreja se apresenta – ou ao menos se apresentava – como um polo poderoso ante o Estado e onde a separação entre os dois se fez muitas vezes pela coerção. Ao contrário, ainda que também tenham conhecido conflitos com o político, as regiões protestantes evoluíram para a separação de maneira nitidamente mais pacífica.

O EXEMPLO DOS ESTADOS UNIDOS

Os Estados Unidos representam o contraexemplo em relação à França. Eles passaram por uma "Guerra de Secessão" entre o Norte e o Sul no século XIX, mas nunca houve guerra das "duas Américas" parecida com a das duas Franças, laica e católica.

Colonos dissidentes e vítimas da intolerância na Europa

Entre 1620, data da chegada do *Mayflower* e de seus peregrinos à Nova Inglaterra, e a Declaração de Independência, em 1776, numerosos imigrantes que desembarcam nas colônias da América do Norte são movidos por razões religiosas. Trata-se, muitas vezes, de *dissidentes* e de *excluídos* da sua confissão, de *vítimas da intolerância* das monarquias europeias, católicas ou protestantes. A maioria deles vem da Inglaterra, onde o protestantismo em geral e o calvinismo em particular não pararam de marcar pontos em relação à Igreja anglicana* original. Presbiterianos*, congregacionalistas, batistas, mas também dissidentes de dissidentes – *seekers*, shakers*, diggers*, levellers*, ranters*, quakers** (a Sociedade dos Amigos)... –, ganham terreno e indispõem o poder religioso e político, notadamente nos tempos de Cromwell* – aquele que, potentado rigoroso, suporta mal, como todos os poderes da época, essa pluralidade. Tanto mais que esses não conformistas também são, muitas vezes, puritanos* que criticam o laxismo, o relaxamento dos costumes e a corrupção da Igreja oficial, assim como os vestígios de papismo que perduram na doutrina e na liturgia anglicanas, e que procuram, por seu lado, fórmulas democráticas e igualitárias de governo e de administração das suas comunidades. Em suma, mesmo quando juram fidelidade à Coroa – o que nem sempre é o caso –, são suspeitos e veem-se às voltas com a hostilidade do que virá a ser a *High Church*, a Alta Igreja anglicana, a Igreja estabelecida na Inglaterra.

Fora os dissidentes do anglicanismo, as colônias americanas acolhem também huguenotes franceses, luteranos alemães, anabatistas*, menonitas*, pietistas*, irmãos morávios*, católicos da Irlanda e de alhures, assim como judeus. Claro, as motivações para ir para a América podem ser tanto a ambição e a esperança de ganhos econômicos quanto a fé perseguida. Em todo caso, os futuros Estados Unidos, onde evidentemente os anglicanos fiéis ao rei também não estão ausentes, constituem assim, de saída, um assombroso *melting-pot* religioso: muito embora os dissidentes de origem protestante sejam majoritários, não encontramos lá nada que se pareça com uma confissão oficialmente estabelecida desde há séculos e que tenha se tornado parte integrante da cultura do país. As peripécias do início, em condições muitas vezes rudes, contribuirão para unificar essa diversidade. Além disso tudo, os movimentos oriundos da Reforma, e mesmo os outros, serão reunidos numa "consciência americana", no decorrer do século XVIII, pelo "Grande Despertar", um movimento de retorno emocional à fé. Lançado pela pregação inflamada de Jonathan Edwards e, sobretudo, de George Whitefield, transcende as múltiplas denominações. Lembra a todos – o que não vai ser de mais para a história americana posterior – que os homens vivem sob a lei de Deus e que os direitos humanos foram fundados e dados por Deus: não cabe a homem algum modificá-los.

Um pluralismo sem limites

Mas qual vai ser o lugar oficial da religião nos Estados Unidos já independentes? René Rémond observou que no artigo X, já evocado, da Declaração francesa dos direitos, de 1789, tem-se uma "redação em menor", no caso uma redação negativa, e que se acrescenta a ela logo de saída como que uma fórmula restritiva quanto à sua aplicação ("ninguém pode ser molestado por suas opiniões, inclusive as opiniões religiosas, contanto que a manifestação destas não perturbe a ordem pública estabelecida pela lei"). Também se leu nela uma "concessão" às opiniões religiosas: elas seriam, por assim dizer, toleradas a contragosto. Implicitamente, essa formulação é uma pedra no jardim do catolicismo: o artigo se refere à história recente, na qual um culto dominante coibia os outros, e a palavra "inclusive" tem por função indicar que isso agora acabou; a Igreja católica não tem mais nenhum privilégio, todos os cultos estão em pé de igualdade. Mas por esse fato mesmo, implicitamente, a Declaração francesa continua a insistir nos "cultos".

Ora, por seu lado, apesar das pressões dos anglicanos e da Inglaterra para fazer do anglicanismo a Igreja oficial (ainda que com uma ampla tolerância para com os dissidentes e as outras confissões), e apesar das hesitações de muitos dissidentes em vedar a eles essa vantagem, a Constituição americana acabará rejeitando essa solução. Em virtude do direito natural, o texto da Constituição de 1787 declara que "todos os homens terão a liberdade de professar e defender, com argumentos, sua opinião em matéria religiosa". Assiste-se a um deslocamento em favor do indivíduo religioso e do seu "direito natural" a sê-lo. As convicções religiosas são do âmbito da consciência pessoal; as formas institucionais e comunitárias que esse "religioso" poderá assumir são secundárias. A célebre Primeira Emenda (1791) vai mais longe ainda: "O Congresso não poderá elaborar nenhuma lei relativa ao estabelecimento de uma religião ou proibindo seu livre exercício..." A afirmação dessa liberdade e a convocação da Primeira Emenda pela Suprema Corte serão tão implacáveis, que o respeito à bandeira ou ao hino nacional passará para um segundo plano em processos em que as duas liberdades estiverem em conflito...

No entanto, nos Estados Unidos, a religião está, sim, separada do Estado: um "muro de separação" está erigido entre os dois. Nenhuma declaração de vinculação religiosa pode ser exigida do candidato à magistratura suprema nem dos outros eleitos da nação. Nenhuma confissão pode ser "oficial", mas todas podem nascer, desenvolver-se e prosperar numa liberdade absoluta, com uma atenuação considerável (e surpreendente para os franceses) entre o que é do âmbito do público e o que é do âmbito do privado. De fato, toda sorte de funções e papéis que classificamos de "públicos" em nossa tradição jurídica são assumidos nos Estados Unidos por organismos privados, em particular por grupos religiosos. Entre estes últimos, alguns passaram por dificuldades com certas liberdades que se concediam: os *quakers*, principais colonizadores do Massachusetts, com a objeção de consciência, e os mórmons, estabelecidos no estado de Utah, com a poligamia – estes últimos foram obrigados a renunciar a esse "privilégio".

Em compensação, é notável que, no fim das contas, os Pais fundadores da vida política americana tenham deixado que a Igreja católica, apesar das fortes prevenções contra ela (quando mais não fosse, em razão de sua dependência de um poder absoluto externo, Roma, e porque ela era considerada inimiga da liberdade), gozasse das mesmas liberdades que todas as outras confissões e denominações. Em particular, ela pôde criar sua hierarquia, desenvolver suas paróquias e suas obras, fazer uso de seu direito eclesiástico próprio (o "direito canônico"). Claro, estamos aqui no nível dos princípios. Na vida política e social americana, os católicos foram por muito tempo vistos com desconfiança, pelo menos até a eleição de um deles à presidência dos Estados Unidos (John F. Kennedy, em 1960).

A "religião civil" à americana

Nos Estados Unidos, "Deus" é onipresente na sociedade civil, com as ações e as atitudes públicas que isso implica – uma visibilidade que, muitas vezes, para os europeus, especialmente para os franceses, é quase exasperante. É verdade que durante as últimas décadas, em particular com presidentes pertencentes ao Partido Republicano e influenciados pelos fundamentalistas, essa visibilidade se acentuou mais ainda. E todos sabem que o atual presidente é um *born again*, um "renascido", convertido e nascido do Espírito pela segunda vez... Não se poderia minimizar essa importância da religião no passado, presente e futuro da nação americana, que é posta *under God*, "sob a lei de Deus". Os americanos são, desse modo, fiéis à Declaração que fundou sua independência em 1776: ela multiplicava as referências a Deus, ao Criador, ao Juiz supremo do Universo e à sua Providência... Essa "religião civil" ostensiva, que sustenta e legitima a nação multirreligiosa, multiétnica, plural, supera por definição toda família religiosa particular, mas é incontestavelmente marcada pela fé dos dissidentes protestantes puritanos que colonizaram o país nos séculos XVII e XVIII e, sem dúvida, por certos temas favoritos dos pregadores do Grande Despertar (sem falar nos novos Despertares* do século XIX): chamado ao arrependimento, à conversão e à moralidade, à volta aos "antigos valores"; prece ("cafés da manhã de prece") e culto praticados publicamente (o presidente e as equipes dirigentes do país são mostrados "orando" na televisão); insistência na conversão individual antes de mais nada para participar da regeneração do conjunto da nação; percepção de um papel messiânico para a América...

Pode-se acrescentar também que essas tendências se acentuaram ao longo da história americana, não sem calculismo de parte dos líderes políticos (que adulam sua opinião pública crente multiplicando as referências religiosas em suas intervenções públicas, como o *"God Bless America"* no fim de seus discursos). Assim, a fórmula *"In God We Trust"* foi acrescentada ao dólar na segunda metade do século XIX, antes de se tornar uma divisa oficial no século XX; e a fórmula *"One Nation under God"* foi integrada no juramento à bandeira somente em 1954. Do mesmo modo, alguns militam para reintroduzir a prece nas escolas, ou até para inscrever na Constituição a ideia de que a América é uma nação cristã. Como quer que seja, compreende-se assim que as denominações particulares, principalmente as de origem protestante, e o fato de pertencer a este ou àquele grupo tenham relativamente pouca importância: só conta essa fé "civil" em Deus Criador e Redentor da América e de seus valores. E essa relativização explica, de um lado, por que nos Estados Unidos não existe uma preocupação com a prodigiosa criatividade que reina em matéria religiosa; a proliferação sectária não assusta ninguém, enquanto na França o próprio governo assume a luta contra as seitas. Danièle Hervieu-Léger recordou com justeza: certos autores americanos ligam essa criatividade, essa vitalidade da invenção e do desenvolvimento religioso, inclusive e sobretudo sectário, às do mercado econômico, ao espírito de iniciativa, à exaltação do dirigente empresarial e ao êxito nos negócios. A afinidade é tanta, que se explica assim o relativo declínio, nos Estados Unidos, das grandes Igrejas "liberais" (presbiteriana, episcopaliana*...) – empresas acomodadas e sem fôlego – em benefício de grupos mais radicais e mais empreendedores, no mais das vezes fundamentalistas, precisamente.

A lição religiosa dos Estados Unidos à velha Europa

O que reter do exemplo americano? Primeiro, o seguinte: o elemento absolutamente determinante da entrada na modernidade é a pluralidade religiosa. Nos Estados Unidos, onde se contavam, já em 1775, três mil e quinhentas organizações e congregações religiosas, a pluralidade já adquirida facilitou a inscrição da liberdade religiosa no direito, embora a solução americana das relações entre religião e política não tenha sido admitida de início por todos os Estados. As pressões anglicanas para impor a confissão da Coroa britânica – uma confissão ainda por cima sem raízes e minoritária – não tinham, porém, nada de comparável com o peso histórico e político da Igreja católica na França. Em nosso país, uma ruptura não violenta, uma laicização suave eram possíveis? Dificilmente. Diante de uma Igreja católica absolutamente majoritária e, além do mais, reivindicando com intransigência uma posição absoluta e exclusiva, o pluralismo estava todo por realizar, e provavelmente só podia sê-lo por meio da força (mas num processo democrático, já vimos), com um vencedor e um vencido. E, afinal de contas, podemos com todo direito estimar que a forma de laicidade que prevaleceu representava a melhor solução. Ela o é universalmente? É esse o problema, como veremos mais à frente.

Notemos que essa situação – frequente –, em que uma religião histórica prevalece de longe, em número, sobre todas as outras, sempre torna mais difíceis a laicização completa do Estado ou sua separação da Igreja. Em muitos países, inclusive e até sobretudo protestantes, que reconhecem inteiramente a liberdade de crença, precedências ou preferências diversas, permaneceram, até data recente, aquisição dessa religião da maioria, que também era religião oficial: por exemplo, em vários países escandinavos ou na Grã-Bretanha, o rei devia (ou ainda deve) pertencer a essa religião da maioria.

Comparando a situação inicial na França e nos Estados Unidos, talvez se faça a objeção de que a Revolução francesa não era, em seus primeiros anos, antirreligiosa: ela também invocava o Ser supremo e não imaginava uma nação que não estivesse, de uma maneira ou de outra, posta "sob Deus" ou a divindade. Mas duas respostas acodem logo ao espírito. Além de não quererem uma "Igreja estabelecida", os Pais fundadores americanos não pensaram em momento algum impor aos diversos grupos religiosos uma "Constituição civil", isto é, não consideraram fazer deles instituições dependentes do Estado, "Igrejas americanas", de certo modo. Na França, a pluralidade presente no artigo XI da Declaração de 1789 pareceu insuficiente. Era necessário, além disso, criar uma "Igreja de Estado": a República imitava o Antigo Regime. Por outro lado, numa França que não havia conhecido nenhum despertar no século XVIII, mas antes sintomas de descristianização e dilaceramentos apaixonados entre católicos, o Ser supremo ou a deusa Razão representavam divindades perfeitamente abstratas, puramente racionais, que não correspondiam a nenhuma necessidade profunda, a nenhuma experiência religiosa sensível, nem na população nem, sem dúvida, na maioria dos próprios revolucionários.

O exemplo americano também mostra que "modernidade" e "separação entre a religião e o Estado" não rimam necessariamente com "ausência de Deus" ou "laicização". Em 1905, após a lei da separação na França, Albert de Mun, um "católico social", logo, mais aberto, exprimia assim seu sentimento de catástrofe: "Na França, Cristo deixou de ser reconhecido." Eis uma ideia que jamais teria passado pela cabeça de um americano. Até agora, no país que é em certo sentido o mais avançado na modernidade, a presença pública da religião não diminuiu, e a prática religiosa continua importantíssima. É possível que nos tempos mais recentes a atração e a frequência tenham caído um pouco nas grandes denominações confessionais – Igrejas episcopaliana, presbiteriana, metodista – em benefício dos batistas, pentecostalistas, evangélicos...; do mesmo modo, a Igreja católica parece declinar (queda do número de praticantes e falta, como em outras, de sacerdotes; são sabidos também os recentes escândalos provocados por padres pedófilos acobertados por sua hierarquia). Em todo caso, essa é a opinião de certos especialistas, a partir de estatísticas recentes. Mas, globalmente, os Estados Unidos foram e continuam sendo um país profundamente marcado por "sinais" religiosos, por uma vitalidade e uma visibilidade que as instituições religiosas do Velho Mundo podem invejar.

Pode-se generalizar o modelo americano e propô-lo como um modelo para a França ou a Europa? Nada é menos certo; mas pelo menos ele nos fez entrever que a privatização do religioso ou sua ausência máxima da esfera pública, como deseja a laicidade à francesa, não é a última palavra ou a única solução para separar o religioso e o político. Seria possível também que, depois de ter conseguido integrar "até" o catolicismo, os Estados Unidos tenham sido recompensados dois séculos mais tarde: no concílio Vaticano II, um jesuíta americano, o padre John Courtney Murray, é que será o arauto da liberdade religiosa... a mesma que horrorizou os integristas católicos! É verdade que, entrementes, em 1898, Roma condenou o "americanismo", uma doutrina que louvava o modelo americano de apostolado, de invenção missionária e de relações entre a religião e o Estado.

Entre os dois modelos, francês e americano, estende-se toda a gama de fórmulas possíveis.

Globalmente, foi o protestantismo, em particular o da tradição calvinista, que acompanhou melhor e mais rapidamente o movimento de separação. A transição para o Estado moderno, é claro, conheceu conflitos nas sociedades anglo-saxãs, escandinava, alemã... onde o anglicanismo, o luteranismo, o calvinismo estavam implantados como Igrejas de Estado, mas nada parecido com as violentas rupturas que ocorreram em vários países católicos. Com isso, os compromissos e a coexistência Igreja/Estado nos países de dominância protestante também são mais fluidos, a fronteira entre ambos, menos nítida. Em vários países escandinavos, por exemplo, existiram até bem recentemente "Igrejas de Estado" luteranas com vantagens consideráveis. É preciso dizer que as Igrejas protestantes são autônomas no marco nacional em que estão estabelecidas e não dependem de um poder religioso supranacional semelhante ao da Igreja católica: é provável que as transações com o Estado nacional sejam mais simples graças a isso; mas essa conivência também pode, em certos períodos – como o da Alemanha hitlerista –, comportar riscos importantes.

Em sua célebre obra *A ética protestante e o espírito do capitalismo*, Max Weber situou-se mais no terreno dos vínculos entre economia e convicções religiosas. Ele tentou mostrar por que essa ética e esse espírito se viram em sinergia, se não em todos os países e em todos os ramos da tradição calvinista, pelo menos em grupos de puritanos muito ativos: eles estariam, assim, à vontade na modernidade econômica tal como ela se constituiu no século XIX. Embora muito admirada, a tese de Weber é objeto de numerosas críticas. Para lá da congruência relativamente circunscrita, pois concerne antes de mais nada à economia e ao movimento puritano, que ela descreve, recordemos apenas que o calvinismo dessacralizou a atividade humana assim como a ação política, considerando-as em si boas e úteis à glória de Deus.

Frisa-se também, entre as raízes da modernidade protestante, o apoio da Reforma à leitura pessoal, individual, da Bíblia, assim como a defesa do livre-arbítrio: elas puderam incentivar o advento do sujeito autônomo, consciente de si e partidário da liberdade de consciência. Em todo caso, é assim que se explica por que, em relação aos católicos, os protestantes se viram numa situação menos insegura no momento em que os ideais de liberdade da Revolução francesa se afirmaram. Assim, vários deles foram líderes importantes do movimento revolucionário e, mais tarde, na França, participaram ativamente das lutas pela separação entre a Igreja e o Estado e pela laicidade. Fizeram-no, certamente, por anticatolicismo e porque eram, como os judeus, uma minoria oprimida: eles tinham todo interesse na igualdade dos cultos, no momento da Revolução, e na laicidade e na separação, um século depois. Mas fizeram-no também porque seu sentimento da "liberdade do cristão" era forte e porque sua fé pessoal podia conviver com um regime neutro em relação a todas as religiões.

Os dois modelos de separação entre a religião e o Estado moderno que acabo de descrever realizaram-se em países cristãos. Eles são exportáveis para regiões e países de confissão, de religião e de sabedoria diferentes, que não efetuaram essa passagem? É duvidoso. Como no caso dos países sob influência cristã, cada história e cada tradição religiosa filtra necessariamente os caminhos para chegar aí. No entanto, esses modelos podem fazer pensar, para o futuro, em sociedades em que o religioso e o político permaneçam mais ou menos imbricados. Entre os dois extremos que são a França e os Estados Unidos, numerosas soluções intermediárias são possíveis. Os franceses partidários do nosso modelo de laicidade costumam pensar que ele representa, no cômputo geral, o meio melhor e mais universal para resolver o problema político das religiões. Por isso, diante da resistência de uma fração dos muçulmanos franceses e diante do que consideram uma "provocação" – o uso do véu islâmico pelas jovens –, eles são partidários da coerção, logo de impor seu modelo de laicidade pela lei. Não é impossível que seja necessário chegar a isso, tanto mais que certos indícios fazem pensar que organizações estruturadas e proselitistas manipulam os indivíduos – homens e mulheres – que exibem sinais externos de fidelidade ao islã. Mas já não estamos em 1882, nem em 1905; a laicidade já não é o que era, e o islã francês não é a Igreja católica. Vivemos num regime de tolerância generalizada, "diferencialista" por princípio. Proibir a única diferença religiosa – muçulmana – também pode exacerbar a reação identitária. Não quero dizer que todos os problemas religiosos são "solucionáveis" com base no modelo americano. Mas pelo menos ele pode relativizar um pouco nossas reações intransigentes, que só enxergam uma saída: remeter todas as religiões à esfera privada. A visibilidade religiosa não é, em si, condenável nem antidemocrática.

Porém, depois desse parêntese, é hora de voltarmos à questão inicial: qual é, pois, a dificuldade própria dos integristas e dos fundamentalistas diante da modernidade?

4

Fundamentalistas e integristas "doentes" da modernidade?

Modernidade e crise

A modernidade pode ser conjugada no plural. De fato, fala-se de "modernidades": filosófica, política e social, científica, econômica, cultural, religiosa inclusive, se se considerar que a laicização do Estado e a secularização da sociedade fazem parte dela. No entanto, se bem que todos esses aspectos sejam sistemáticos, não aparecem todos ao mesmo tempo e no mesmo grau no tempo e no espaço, nem em todos os atores sociais ao mesmo tempo. Ou ainda, nos indivíduos, a entrada em modernidade pode ser adquirida numa esfera, mas não em outra: fulano, cientista ou técnico, pode ser um craque em sua disciplina, mas pode carecer totalmente de discernimento político; certo teólogo perfeitamente versado no saber e na crítica do saber teológico ignorará soberbamente tudo dos avanços da ciência. Muitos indivíduos integraram os imperativos modernos da economia no sentido amplo, mas permanecem muito longe da cultura democrática ou do modelo democrático de governo. Essa "divisão do trabalho" nos tempos modernos é de fato complexa e mereceria comentário. Mas, globalmente, pode-se dizer que a modernidade, que separa e especializa, acarreta facilmente comportamentos esquizofrênicos.

Ora, essa divisão é crucial em matéria religiosa. Certo cientista (ou médico, engenheiro, jurista...) pode ter comportamentos religiosos de uma ingenuidade desconcertante, se não de um infantilismo surpreendente. Em *Intellectuels et Militants de l'islam contemporain*, Olivier Roy descrevia não faz muito esse perfil clivado do intelectual islâmico: especialista de uma disciplina adquirida no Ocidente ou em seu país, conforme os métodos e procedimentos modernos, adquiriu por conta própria um saber religioso à antiga, de conteúdo repetitivo, "argumentado" com ajuda de citações pias e de fórmulas prontas; ele monta assim uma unificação, espiritual mas factícia, de sua personalidade, graças à sua fé num Deus uno e transcendente que reúne todas as coisas nele, e também que discrimina o Bem e o Mal... As mensagens, de uma indigência religiosa aflitiva, deixadas pelos instigadores do atentado ao World Trade Center atestavam tristemente a justeza dessa análise. Voltarei a esse ponto adiante.

A Europa e os países sob a sua influência tiveram três séculos para assimilar os choques da entrada na modernidade. Desde o século XVI, a fé foi posta em questão pelas guerras de religião, depois pela ciência: o caso Galileu ou a fogueira de Giordano Bruno, não obstante todas as explicações históricas que se possam dar, são escândalos indeléveis que abalaram a confiança na Igreja católica. Houve em seguida a crítica virulenta dos filósofos à época das Luzes – na França, Voltaire, Rousseau, Diderot, d'Alembert..., na Alemanha, Lessing, por exemplo –, mas, como disse, ela ficava restrita a uma elite cultivada, não alcançando a população (no entanto, ela trabalhou e modelou o pensamento, forçando os teólogos a responder aos ataques contra o cristianismo e o "deísmo" filosófico). Depois vieram o período revolucionário e a entrada, com acelerações e freadas, na dinâmica democrática e republicana, ou ainda nas ideologias do progresso e da ciência triunfante. Pelo menos tanto quanto pelos choques da laicização política, a fé cristã foi maltratada em meados do século XIX pelas descobertas de Darwin, ao mesmo tempo que pela generalização dos enfoques históricos e críticos da Escritura. Produziram-se também outros acontecimentos intelectuais, políticos e sociais, que não cessaram de provocá-la, de questioná-la e de abalá-la. Para certos autores, o regime da fé, nos tempos modernos, tornou-se simplesmente o regime da crise, da submissão à dúvida e do questionamento permanentes. Em todo caso, o processo de arguição do cristianismo foi de grande fôlego: ele se estende por quase três séculos e termina com a laicização do político e a secularização da sociedade no século XX.

Que pensar então dos povos e dos indivíduos que, no espaço de algumas décadas, ou mesmo anos, são despejados de seu mundo rural imóvel no universo urbano da instrução até a universidade, no uso das técnicas de ponta e no acesso aos objetos de consumo, com saberes que eles assimilam depressa (e mal?) demais, sofrendo o choque da crítica às convicções incrustadas e as inevitáveis reações em contragolpe: perda das referências antigas e desestabilização mental e espiritual que as metamorfoses rápidas demais provocam? Além disso, se os esforços assim feitos não se traduzem pelo êxito econômico e social e por uma boa integração cultural, se os Estados são incapazes de inserir os novos diplomados, muitos dos quais fizeram seus estudos no Ocidente, se as ideias ocidentais modernas de igualização, de libertação, de direitos individuais se imprimiram nas consciências mas não são adquiridas na realidade, resultam daí necessariamente decepções, frustrações, ressentimentos nas pessoas envolvidas. Quando, enfim, ideologias ou utopias como o marxismo ou o panarabismo vão abaixo, o reencontro com o islã – o Corão e a Suna, segundo os islamitas – torna-se motivo de revolta e de contestação da ordem estabelecida, tanto do poder político, muitas vezes corrupto e ocidentalizado, quanto do poder religioso tradicional (o dos ulemás).

Reconstituímos assim, de maneira um tanto ligeira, o percurso possível de um estudante egípcio, argelino ou saudita até o fundamentalismo islâmico nos anos 1970-1980. Mas naqueles anos, sejamos justos, também se evocava um "retorno do religioso" no Ocidente, e mesmo no mundo inteiro. Um autor como Gilles Kepel pôde falar, como já dissemos, em "revanche de Deus" relativamente aos anos 1950-1960, quando muitos observadores acreditaram assistir ao declínio inelutável da religião.

Poderíamos insistir também em outros aspectos que acarretam a crise. O mundo moderno, já mencionei, é dominado por uma vontade generalizada de "racionalização" segundo o esquema "meios para obter um fim". Em tese, reina o princípio da eficácia, ou de uma eficácia programada na medida do possível para atingir seu objetivo. O tipo de razão que governa a modernidade técnica mas tende a se estender por toda a parte, também nos domínios do homem, como a medicina, o ensino, a administração, o social..., é uma razão prática, utilitária, num mundo desencantado – sem meios "mágicos", mas também, se assim podemos dizer, sem poesia, sem surpresa, sem emoções nem paixões. Ora, essa racionalização um tanto "cinzenta" tem efeitos induzidos sobre os indivíduos. Eles não se satisfazem com ela. Aspirações importantes, em particular no registro das emoções e dos sentimentos, mas também dos valores (como a fraternidade, a esperança), não são satisfeitas e traduzem-se por mal-estares ou "mal-seres". Com isso, agora que o desencanto da natureza já não representa uma conquista e que vivemos num mundo largamente artificial, moldado pelos objetos técnicos, viu-se ressurgir o tema do reencantamento, para oferecer às vidas sufocadas com a platitude e o tédio um pouco de alegria de existir.

Max Weber, que lançou esse tema da racionalização da existência moderna já faz um século, insistia em duas consequências que ele via delinear-se a partir daí. Para ele, os tempos modernos produziriam, por sua própria lógica, uma perda de sentido e uma perda de liberdade nos indivíduos que o alcançam graças aos seus estudos, à sua vida urbana e a seu *status* profissional. Perda de sentido porque a imagem unificada do mundo, que era a deles antes, não raro uma "imagem religiosa", explodiu completamente em opções e em valores fragmentados, às vezes totalmente divergentes e até contraditórios (os valores da empresa não correspondem ao que a escola de engenharia ensina, o exercício da medicina não tem nada a ver com o "humanismo", ou ainda os valores de um domínio opõem-se radicalmente aos de outro...). Como diz Weber, nas sociedades modernas somos submetidos ao "politeísmo dos valores", essas instâncias de valores que exercem uma pressão anônima e impessoal em cada um dos setores de nossa existência: na fábrica, é preciso buscar a rentabilidade e o lucro; em família, seria preciso viver o desinteresse e o dom; na democracia, o esforço cívico e coletivo; a escola é dividida entre saberes para ter êxito na vida e aprendizado de valores... Resulta disso tudo uma forma de relativismo e de niilismo. Estes podem ser vividos como tais, como a sorte inevitável dos modernos. Mas nem todos aceitam essa fatalidade e preferem reencontrar a segurança e as certezas da imagem religiosa do mundo, que "remata" e unifica todo o resto, dando-lhe sentido.

A perda de sentido pode se combinar ou se confundir com o sentimento de uma perda de liberdade. O mundo moderno e suas atividades racionais para realizar um fim, com sua razão antes de mais nada eficaz, parecem então construir como que uma "capa de aço" que deixa aos indivíduos pouca margem para se construírem pessoalmente ou abrirem um espaço para outros valores – de desinteresse, de compartilhamento, de emoção, de criação. A razão "instrumental", utilitária, voltada para o domínio do mundo e da vida, invade todos os domínios da existência, inclusive os da cultura, da estética, da própria vida sentimental. E, aqui também, os insatisfeitos podem encontrar "respostas" de tipo religioso para se safar. Mas, ao contrário do que estes creem ou pretendem, essas respostas religiosas não significam uma simples volta às antigas formas do religioso, as dos tempos tradicionais ou mesmo as das origens. A religião vivida nos tempos modernos, *a fortiori* quando está em reação contra eles, é sem dizer ou sem saber marcada por eles: assim, o individualismo, tão presente nas sociedades pós-modernas, impregna sub-repticiamente o comportamento dos integristas e dos fundamentalistas. Estes últimos, em sua radicalidade, estão largamente comprometidos com o que detestam: o Ocidente, suas formas de vida, seus objetos técnicos, seus comportamentos individualistas, seus bens de consumo, seus próprios prazeres.

Em face da autonomia

O que se chamou de "retorno do religioso" na década de 1980 não tinha, por si, nada de "integrista" nem de "fundamentalista": nem a Renovação carismática católica, nem o pentecostalismo protestante, nem os prodigiosos sucessos do papa João Paulo II em suas viagens pelo mundo inteiro poderiam ser classificados nessa categoria, ainda que, sobretudo nos dois primeiros casos, se manifestassem tendências fundamentalistas na leitura da Bíblia. Importa, portanto, explicitar agora os traços distintivos das tendências religiosas radicais designadas como integrismo ou fundamentalismo religioso.

Primeiro, ambos têm necessariamente de denunciar a ideia de autonomia, fundada na superioridade da Razão. Eles apontam nela um orgulho intolerável, uma usurpação do lugar de Deus e, no fim das contas, a causa dos males que atingem as sociedades modernas. Notemos que essa dupla face – a causa e as consequências – está sempre presente em sua crítica do moderno. De um lado, integristas e fundamentalistas denunciam a impiedade, o pecado que consiste em prescindir de Deus na esfera política e na sociedade (em outras palavras, a laicização e a secularização); de outro, insistem nas consequências dessa impiedade, no caso a miséria social e econômica, a ascensão dos vícios, os desvios morais que daí resultam. Os fracassos da modernidade são imputados diretamente à ausência de Deus.

Líderes e pregadores de todas as obediências rivalizam em torno desse tema e, à parte as especificidades confessionais que os separam, seus discursos são notavelmente similares. Assim, justo depois da Segunda Guerra Mundial, monsenhor Lefebvre é superior de seminário e manda ler no re-

A LEI DE DEUS CONTRA A LIBERDADE DOS HOMENS

feitório um livro que condena a Revolução francesa, porque ela negou "o reinado social de Jesus Cristo". A um seminarista que se espanta, ele responde: "A Igreja é rejeitada? Toda civilização está vindo abaixo e descambando na anarquia e na escravidão." Ante o que considera um declínio dos Estados Unidos, um fundamentalista protestante citado por Jean-Paul Willaime declara: "É necessário lembrar que a América foi gerada por ancestrais morais, que ela está construída sobre um fundamento moral eterno. [...] Esse fundamento é a Bíblia, a Palavra infalível de Deus [...]. Mas produziu-se um enfraquecimento dessa norma moral no pensamento e na vida da América, fruto de um período em que reinaram a luxúria no interior e a liberdade devida à ausência de conflito no exterior. Só há um remédio: a nação deve retornar ao seu modelo inicial da Palavra de Deus. Ela deve crer, amar e viver a Bíblia. [...] A Bíblia e o Deus da Bíblia são nossa única esperança. A América está diante de uma opção. Ela deve restituir à Bíblia a posição que tinha historicamente na família, na escola, no colégio e na universidade, na Igreja, bem como na escola dominical" – um dos combates favoritos e constantes dos fundamentalistas americanos é, de fato, a obrigação da prece na escola.

O pregador islâmico Sayyid Qutb, cujo discurso foi estudado por Gilles Kepel em *Le Prophète et le Pharaon*, vai no mesmo sentido. Numa de suas obras mais lidas pelos islamitas, *Signes de piste* (1964), ele escrevia: "O princípio em que ela [a barbárie] repousa é a oposição à dominação de Deus na terra e à característica principal do Divino, a saber, a soberania: ela acomete os homens e faz de alguns deles deuses para os outros." A barbárie de que fala remete aos tempos pré-islâmicos de antes da hégira, tempo da "ignorância" em que não se vivia de acordo com o islã e em que se adoravam outras divindades que não Deus. Esses tempos teriam, segundo ele, voltado a todas as terras do islã e ao mundo inteiro. De maneira bem típica, Qutb acrescenta que toda a desgraça desta sociedade moderna vem do fato de que se "permitiu que o homem se arrogasse indevidamente o direito de estabelecer os valores, legislar, elaborar sistemas, tomar posições, e tudo isso sem considerar a ética de Deus, pior ainda, regrando-se com base no que ele não permitiu".

Os judeus ultraortodoxos não ficaram devendo nada a essas concepções. Para eles, uma sociedade que não se baseia na *halakha*, a lei religiosa aplicada ao conjunto da vida pessoal e social dos indivíduos, é uma sociedade malsã, doente, que caminha necessariamente para a ruína. Conforme um ensinamento que se encontra na Bíblia, os infortúnios dos judeus provêm, segundo eles, de sua infidelidade e da não observância sua da Lei – donde os esforços desses ultraortodoxos para ampliar tanto quanto possível, no Estado de Israel, o campo da *halakha*, a lei religiosa. Entre eles, essa tese vai tão longe que enxergam na própria Shoah uma punição divina dos judeus por terem abandonado a Lei. Assim, um rabino dessa tendência, citado por Emmanuel Haymann, considera que os projetos sionistas (que Theodor Herzl lançou no fim do século XIX) estão na origem da Solução Final: "A partir do momento em que o povo judeu quis tomar em mãos seu destino e sair do Exílio, não foram necessários mais de cinquenta anos para que desaparecesse a metade do povo judeu, o que nunca havia sucedido na História."

Não se fazem necessários longos comentários sobre essas posições. Todas rejeitam a secularização e reivindicam o retorno a um fundamento religioso da sociedade, sem o quê esta vai abaixo. No entanto, duas observações se impõem.

Primeiro, como já lembramos no capítulo 1, o combate que uma sociedade sem Deus suscita é dirigido pelos religiosos radicais antes de mais nada contra seu próprio campo, sua própria religião: esta assumiu compromissos inaceitáveis com a sociedade profana, admitindo a laicidade, por exemplo, ou o pluralismo religioso no Estado, ou a liberdade religiosa, ou a tolerância para com os outros cultos. Mesmo quando se elevam com violência contra a sociedade moderna, fundamentalistas e integristas estigmatizam sua própria religião, que traiu a fé original, e sua tradição, que, ela própria, se secularizou.

Assim, no Vaticano II, que promoveu a reforma da Igreja católica, monsenhor Lefebvre se opõe do princípio ao fim ao que ele chama do "liberalismo" que toma conta do concílio: "O liberalismo em matéria de fé e de religião é uma doutrina que pretende emancipar mais ou menos o homem de Deus, de sua lei e de sua revelação; emancipar também a sociedade civil de toda e qualquer dependência da sociedade religiosa, da Igreja, guardiã, intérprete e senhora da lei revelada por Deus." Monsenhor Lefebvre julga severamente os dois papas do concílio, João XXIII e Paulo VI, que acusa de deixar soprar esse vento liberal sobre a Igreja católica. Ele será posteriormente o adversário mais decidido do "papa dos direitos humanos", João Paulo II. Para ele, esses papas da segunda metade do século XX "transigem" com o mundo moderno e seus valores. Quando se sabe que João Paulo II – principalmente ele – é com frequência acusado de ser tradicional e intransigente pelos católicos liberais "de esquerda", os juízos de monsenhor Lefebvre fazem sorrir. De fato, como os outros integristas e fundamentalistas, ele vive num universo religioso maniqueísta, em que as convicções intransigentes fazem as vezes de critério de verdade.

Os fundamentalistas protestantes também tinham como adversário, quando do seu nascimento no início do século XX, o protestantismo liberal: este último admite a crítica histórica da Bíblia, pensa que são necessárias reformas para se adaptar aos tempos modernos e pratica o engajamento social com todos os que lutam para realizar um mundo mais justo, logo também com os "vermelhos". Quanto aos islamitas, sabe-se até que ponto eles atacam os próprios muçulmanos, quer se trate de dirigentes políticos, corruptos segundo eles (na verdade, insuficientemente muçulmanos a seu ver), de ulemás (membros do clero tradicional) demasiado tolerantes e demasiado ligados a poderes que eles desprezam, ou simples muçulmanos, que eles aterrorizam e assassinam. Ao pedir, em fevereiro de 2003, que se punissem os "regimes [muçulmanos] apóstatas", seu líder atual mais conhecido, Osama bin Laden, também se inscreve nessa linha de represálias contra crentes demasiado tolerantes. É verdade que ele não fica nada a dever aos "cruzados" não muçulmanos, que pede sejam escorraçados das terras do islã e punidos no mundo inteiro. Os judeus ultraortodoxos também travam o combate contra outros judeus: lembremos que o assassinato de Yitzhak Rabin, em 1995, foi tramado por um deles.

De resto, para um olhar externo, é notável constatar que esses discursos extremistas, que são bastante semelhantes no fundo e invocam o mesmo Deus único, reivindicam simultaneamente e cada um por sua conta uma superioridade exclusiva sobre todos os outros, que portanto são banidos do campo da Verdade. Da Verdade, com efeito, cada um se pretende o único detentor. Muito logicamente, os radicais de todas as religiões se elevam portanto contra qualquer encontro e qualquer diálogo com os outros: estes estão errados e não merecem nenhuma consideração; o erro merece apenas ser combatido, não poderia ter direitos. Podemos acrescentar que uns e outros desdenham a demonstração que traria a prova dessa Verdade exclusiva: eles a afirmam, e ponto final. Tal pretensão parece ilegítima aos olhos da razão moderna? Estão pouco ligando, nesse ponto como em outros, para os argumentos de um espírito esclarecido.

Mas uma questão se coloca: como eles vão aplicar concretamente essas ideias nos países em que estão estabelecidos? Que política eles fazem quando estão no poder e que posição exigem, ao contrário, quando são minoritários?

Que política religiosa?

Todos rejeitam a separação entre o Estado e a religião, o que significa que, na prática, todos, salvo talvez os fundamentalistas protestantes, pensam que sua religião, de uma forma ou de outra, deveria ser a religião oficial do Estado. Logicamente, este último deveria portanto impor a lei religiosa deles, e impô-la a todos, crentes ou não, ainda que deixando existir, mas num âmbito estritamente definido, com uma expressão limitada ou mínima, os cultos minoritários.

É o que exigem notadamente os islamitas de seu Estado islâmico: ele deve instaurar com todo o seu rigor a lei corânica (a *charia*) como lei do país que define as regras tanto da vida pública como da vida privada. Eles toleram a existência de minorias contanto que elas permaneçam num âmbito bem confinado, mas a *charia* que define os estatutos pessoais e evidentemente proporciona, no plano penal, o leque de castigos pode se impor a todos os indivíduos, muçulmanos ou não – para sua surpresa e escândalo, os ocidentais puderam, assim, várias vezes nestes últimos anos, ter conhecimento de diversos processos movidos contra não muçulmanos em nome da *charia*. Os islamitas, porém, reclamam mais que a *charia*: eles exigem um Estado plenamente islâmico, que não apenas aplicaria a lei islâmica, mas trabalharia ativamente para criar uma sociedade, uma cultura, uma economia, uma vida social islâmicas. Trata-se verdadeiramente de islamizar a sociedade. Donde os esforços – pacíficos (no âmbito da legalidade e das regras da democracia) ou violentos – dos ativistas muçulmanos tendo em vista a tomada do poder.

Em todo caso, essa posição explica que, quando não estão no poder, nos países de tradição muçulmana ou nos países de imigração, os islamitas cultivam o que Gilles Kepel chamou de islamização "de baixo para cima": eles praticam um proselitismo ativíssimo nos bairros desfavorecidos, onde a pregação religiosa intensa é acompanhada da ajuda e da solidariedade sociais. Como seus esforços para tomar o poder só foram coroados de sucesso em poucos países (há um quarto de século, no Irã xiita*, mas é um caso especial; hoje no Sudão), é difícil saber qual seria seu comportamento político. No entanto, em *L'Échec de l'islam politique*, Olivier Roy mostrou de maneira decisiva que o programa *político* dos islamitas no poder seria mínimo, no sentido de que eles esperam pouco da política propriamente dita (dos poderes executivo e legislativo), mas tudo da virtude dos dirigentes e dos cidadãos muçulmanos iluminados pelo Corão e pela *charia*. Se assim for, se a lei de Deus for respeitada pelos "bons" muçulmanos piedosos, a justiça reinará: não há necessidade de instituições, de leis e de direitos propriamente políticos! O islã solucionará o conjunto das questões postas na cidade humana! E, para os indivíduos, somente aí é que residirá a chave do êxito e da felicidade.

Nesse sentido, porém, os islamitas não são opostos à modernidade: eles querem islamizá-la, só isso... E assim se distinguem nitidamente do islã tradicional liderado pelos ulemás: estes se opõem em pontos essenciais à vida moderna. Percebe-se isso claramente com a sorte reservada às mulheres e às meninas. Para o islã tradicional, elas têm de ficar em casa, onde reinam como rainhas. Entre os islamitas, elas têm o direito de fazer estudos superiores e tornar-se não só professoras, mas também engenheiras, médicas, juristas... Têm esse direito contanto que usem o véu! Isso lhes evitará os aborrecimentos que as mulheres e moças enfrentam onde se emancipam: elas não serão objetos para os machos, e seus direitos de mulheres serão mais bem respeitados nos países ocidentais, onde são aviltadas. É o discurso islâmico, claro.

No fundo, trata-se de instaurar uma ordem muçulmana que, no espírito dos fundamentalistas, possa atrapalhar a vida de qualquer regime laico, do ponto de vista de sua eficácia em todos os domínios. No entanto, eles permanecem desse modo num âmbito ético e religioso, mas não político. Quanto ao estatuto das outras religiões em países de islamismo radical, considerando o que acontece em países de tendência rigorista como a Arábia Saudita, ele é pouco invejável: não apenas todo proselitismo, como toda expressão pública lhes é praticamente vetada; *a fortiori*, toda conversão a essas religiões apresenta-se quase como um crime. A partir do momento em que a lei muçulmana se impõe pesadamente a to-

FUNDAMENTALISTAS E INTEGRISTAS "DOENTES" DA MODERNIDADE?

dos, não vemos como a liberdade dos outros poderia ser respeitada. Aliás, muito embora o Corão conceda um privilégio às gentes das religiões do Livro (judeus e cristãos), hoje essa vantagem vai contra o princípio de igualdade de direitos não apenas para todos os crentes, mais além dos monoteísmos, mas também para os não crentes.

As analogias entre a doutrina política dos islamitas e a dos integristas católicos são surpreendentes. A diferença vem de que o islamismo parece ser, ainda hoje, em numerosos países muçulmanos, uma força capaz de tomar o poder, enquanto o integrismo católico representa uma sobrevivência: no máximo, ele poderia desempenhar ainda algum papel político por meio dos partidos de extrema direita da Europa.

Os integristas católicos têm efetivamente saudade de uma ordem social católica, baseada no respeito das hierarquias naturais ou da ordem natural, com uma marca ou uma inspiração cristã em todos os domínios. Uma das expressões favoritas de monsenhor Lefebvre, "o Reino social de Nosso Senhor Jesus Cristo", remete à ideia de "constituir sociedades católicas, de modo que Nosso Senhor Jesus Cristo reine sobre as sociedades". Nas "nações católicas", a "verdadeira religião" goza "integralmente" de todas as proteções e reconhecimentos; essas nações podem no máximo tolerar os "falsos cultos". Nos países "religiosamente plurais", a Igreja católica deve desfrutar todas as liberdades e todos os direitos reconhecidos pelo Estado às religiões. Enfim, nos Estados não católicos, a Igreja pede uma liberdade total de ação para ela. Em suma, é a verificação da célebre invectiva (citada por todos os historiadores do século XIX, neste caso Henri Guillemin) lançada em 1857 por Montalembert contra a tática da Igreja católica,

A LEI DE DEUS CONTRA A LIBERDADE DOS HOMENS

tal como Louis Veuillot a concebe: "Quando sou o mais fraco, eu vos peço a liberdade, porque é vosso princípio; mas, quando sou o mais forte, eu a tiro de vós, porque é o meu."
Desse ponto de vista, o integrismo católico permanece invariavelmente arraigado no século XIX e na Igreja da contrarrevolução, evocada no capítulo precedente. Ele faz suas as declarações dos papas dessa época. A Igreja católica deve ser considerada "a única religião verdadeira estabelecida por Deus, que não pode, sem suprema injustiça, ser posta em pé de igualdade com as outras" (Leão XIII); ela "possui a verdade absoluta e imutável" (Pio X). "Por conseguinte, só ela possui um direito verdadeiro à liberdade religiosa, em toda a parte e sempre", escreve monsenhor Lefebvre, adversário encarniçado dessa liberdade para os outros. Bispo missionário (na África), ele também teme que qualquer relativismo nesse domínio freie a motivação para "trazer os não católicos para a Igreja".

Frisou-se muitas vezes que monsenhor Lefebvre se referia quase exclusivamente à Igreja, ou à tradição – recente! – da Igreja, e não à Bíblia, sem dúvida por demais protestante para ele. Resulta daí uma total anistoricidade: os integristas se agarram a uma missa em latim definitivamente estabelecida no século XVI (não, porém, sem passar por algumas modificações); quanto à sua doutrina política e social e à sua teologia, seguem a Igreja do século XIX, que se erigiu em contrassociedade, em cidadela sitiada diante da sociedade moderna. Ao arrepio e contra toda evidência, vivem da ideia de que a Verdade é eterna, de que a Igreja católica a possui e, por isso mesmo, de que está sempre mais à frente que todas as modernidades. Eles certamente se identificariam com o texto abaixo, publicado em 1899 na revista *Civiltà cattolica* (dos jesuítas italianos, controlada pelo Vaticano): "Os princípios católicos não se modificam, nem porque os anos passam, nem porque se muda de país, nem por causa de novas descobertas, nem por razão de utilidade. Eles são sempre os que Cristo ensinou, que a Igreja proclamou, que os papas e os concílios definiram, que os santos mantiveram, que os doutores defenderam. Convém adotá-los como são ou, como estão, deixá-los. Quem os aceita em sua plenitude e rigor é católico; quem hesita, tergiversa, se adapta aos tempos, transige, poderá se dar o tempo que quiser, mas, diante de Deus e da Igreja, é um rebelde e um traidor." Ao que respondem em eco as convicções de monsenhor Lefebvre, citadas na biografia escrita por um dos seus: "A verdade permanece, ela não evolui. Se as circunstâncias modificam suas aplicações, nunca modificam seu enunciado nem seu conteúdo. A verdade é eterna como o próprio Deus." Ele confirma a ideia da diferença entre fundamentalistas e integristas: enquanto os primeiros se baseiam na Escritura lida literalmente, sem reflexão crítica, os segundos só conhecem a Tradição que vai em seu sentido. Monsenhor Lefebvre e os seus acusam os papas recentes (Paulo VI e João Paulo II) de serem infiéis a seus predecessores do século XIX: é exato, só que eles próprios não levam em conta os dezoito séculos precedentes de história da Igreja, durante os quais a Verdade católica evoluiu consideravelmente, e precisamente em pontos caros a monsenhor Lefebvre (em relação à política, à sociedade, à liturgia...).

Economia dirigida, liberal... ou virtuosa?

Num Estado regido pela lei de Deus (católico), a economia não seria abandonada sem mais nem menos ao capitalismo selvagem ou ao liberalismo desenfreado. Sobre esse ponto, são referência as encíclicas sociais dos papas desde o século XIX, portanto uma intervenção do Estado ou uma regulação da economia liberal não parecem escandalosas. Também em sua ação social, o integrismo católico tem analogias com o programa dos islamitas: a sociedade tem de ser "integralmente" católica, logo é importante que o trabalho social, as relações de trabalho, a solidariedade sejam penetrados de catolicismo (graças a corporações ou sindicatos cristãos, por exemplo). Foi muito mais por anticomunismo e antissocialismo que uma parte do campo integrista se juntou ao campo do liberalismo econômico.

No que concerne à *forma* do poder político, não existe uma doutrina unificada, mas a própria lógica do Estado religioso implica um poder forte, autoritário, que imponha sua ordem moral e religiosa. Em 1978, sem causar maior surpresa, monsenhor Lefebvre elogiou os generais argentinos e sua ditadura militar. Também se posicionou a favor de Pétain contra De Gaulle: "De Gaulle nos trouxe de volta tudo de que o marechal Pétain havia expurgado a França. Tudo foi novamente quebrado, o movimento de ordem católico e cristão, decapitado." É provável que ele não fosse um partidário encarniçado da democracia: ele a suportava, nada mais. Preferindo as "hierarquias naturais" ao mesmo tempo que os poderes vindos de cima, sem dúvida não teria sido hostil à realeza: seu modelo, como o de muitos dos seus partidários, é a monarquia do Antigo Regime, de direito divino, dispondo do poder executivo e servindo de braço secular à Igreja.

Quanto à teoria do acesso ao poder ou da alternância política, encontramos entre os católicos integristas a mesma vagueza que entre os fundamentalistas islâmicos. Questão essencial, no entanto, como vemos hoje a propósito da transição democrática no Irã e como tínhamos notado na Argélia em 1991, quando os islamitas se alçaram ao poder sem dizer claramente se se retirariam em caso de derrota nas eleições seguintes – o problema foi então "resolvido" pelas Forças Armadas. Na Turquia também, estas se erigem em guardiãs da democracia e da laicidade.

Já sobre a concepção do político, podemos medir a diferença em relação aos fundamentalistas protestantes. Acontece de estes últimos serem favoráveis a regimes autoritários, como na América Latina, onde estão fortemente implantados há uns trinta anos, mas fundamentalmente não questionam a tradição democrática de eleições, alternância e pluralismo. Eles tentam, em vez disso, organizar *lobbies* e grupos que compartilham seus pontos de vista, para alçar ao poder um candidato que apoie suas convicções. Como dissemos, eles constituíram nos Estados Unidos, em fins dos anos 1970, a *Moral Majority*, e com o concurso de outros conservadores (inclusive católicos...) levaram ao poder candidatos republicanos – Ronald Reagan, Bush pai e filho – que prometiam realizar seu programa de rearmamento moral: contra a legislação dos Estados que permitem o aborto e a emancipação das mulheres em geral, contra as manifestações públicas e os direitos dos homossexuais, contra as leis que afetam a autoridade dos pais, contra o "humanismo secular" que impregna a sociedade secularizada, pela prece nas escolas e formas diversas de patriotismo americano, pela pena de morte (seu estabelecimento ou sua manutenção), pelo ensino rigoroso e pela revalorização dos imperativos morais tirados da Escritura (proibição do adultério, do divórcio, das relações sexuais fora do casamento...). É claro que na América Latina, muito mais que nos Estados Unidos, eles apoiam a luta contra o "comunismo" (na verdade, a esquerda em geral) e opõem-se à ação dos sindicatos.

Sobre esse ponto, no entanto, também seguem a lógica do liberalismo que preconizam em matéria econômica e social. De fato, eles coincidem muitas vezes com os mais ferozes partidários da desregulamentação e da plena liberdade de ação individual. Sua concepção da vida pública e política não é isenta de analogia com a dos muçulmanos fundamentalistas. Como escreve Jean-Paul Willaime, "trata-se cada vez de discursos de certezas, que pretendem agir em nome dos fundamentos divinos da vida individual e coletiva. Observa-se neles uma forte moralização, com tendência a crer que a política será boa, se são bons os crentes que a fazem. [...] Eles podem permitir que outras pessoas tomem o poder, mas terão maior dificuldade em exercê-lo. Na realidade, são movimentos dominados intelectual e politicamente". Mais que uma política, o que se exige prioritariamente é uma moralização do comportamento dos indivíduos. É fácil perceber, mais uma vez, as afinidades do fundamentalismo com o espírito do capitalismo, com a iniciativa e o êxito individuais. Pobres e ricos são, em primeiro lugar, indivíduos marcados pelo pecado; cada um recebe o que merece: a pobreza do pobre, em todo caso sua manutenção no marasmo, vem de que o pobre não trabalha; e a riqueza do rico, seu êxito recompensam sua virtude moral, seu rigor em todos os domínios, mesmo em sua vida privada. A crítica dos mecanismos e das estruturas de iniquidade está totalmente ausente.

Há pouca coisa a acrescentar sobre os judeus ultraortodoxos. Do ponto de vista propriamente político, um só país,

Israel, tem a ver com eles, mas esse país tem um valor simbólico. Os judeus radicais desejam tomar o poder e impor a lei religiosa, isso é evidente. Se bem que, como já se observou, a tomada do poder poderia ser menos favorável a eles do que a situação atual, na qual eles completam as maiorias de esquerda ou de direita: assim, podem obter vantagens substanciais, protegendo ao mesmo tempo os privilégios dos religiosos (como a dispensa do serviço militar para os estudantes de religião) e a aplicação da *halakha*, a lei judaica, a todos os cidadãos judeus em certo número de domínios.

Uma parte dos ultraortodoxos – já dissemos: eles estão divididos – provavelmente gostaria de estabelecer uma teocracia, um governo de Deus dirigido pelos sacerdotes. Mas, aqui também, a questão do Estado se eclipsou. O esquema de pensamento dominante deles vem, na realidade, do governo da comunidade judaica segundo a tradição judaica, talvez até mesmo da tradição do governo no gueto: por um lado, em vez de pensar a integração no mundo moderno e na comunidade das nações, preferem se apartar, praticar o segregacionismo; por outro, uma vez a comunidade judaica assim separada, os dirigentes religiosos encarregados da interpretação da *halakha* estimam poder administrar o conjunto da existência judaica cotidiana segundo a lei religiosa. Mais uma vez, estamos longe da complexidade e das pressões que pesam sobre um Estado democrático moderno, pluralista, inserido num contexto internacional...

O direito de Deus

Nesse contexto, é evidente que uma doutrina dos direitos humanos tem pouco sentido. Para os judeus ortodoxos que acabamos de evocar, a questão simplesmente não se coloca. Ela está fora do seu campo de preocupações, na medida em que os problemas da humanidade comum e da participação no interesse geral, o dos não judeus e até (no discurso) o dos judeus, não lhes dizem respeito. De resto, as concepções dos judeus ultraortodoxos são fortemente marcadas pelo conflito, se não pela guerra, que opõe o Estado de Israel aos palestinos. Agrupados com frequência em partidos religiosos extremistas, numerosas vezes sustentaram posições que exprimem abertamente sua recusa a dar qualquer direito aos árabes palestinos, tanto na terra de *Eretz Israel* como no restante, ou ainda a ausência de qualquer consideração humanitária no enfrentamento com eles. Essa dureza é amparada por uma fé tingida de messianismo quanto ao destino da terra de Israel. Para os dirigentes do *Gush Emunim*, o Bloco da Fé, o direito do povo judeu sobre essa terra única não é apenas do domínio da política e da justiça humanas, mas de Deus. Israel existe pela vontade de Deus, e assegurar a posse da terra é o primeiro dever que a Torá exige. Instalar-se nela para anunciar a iminência da Redenção: é essa a concepção do Bloco da Fé. Seus adversários denunciaram nele uma verdadeira idolatria, um paganismo da terra, do qual resulta que as considerações humanas e humanitárias sobre sua divisão, ou sobre o direito de outros que não os judeus de viver nela, não têm validade. Para certos ativistas, minoritários claro, essas concepções puderam justificar o terrorismo e os atentados antiárabes.

"Para um fundamentalista protestante, a própria noção dos direitos humanos parece quase ímpia. Como se afirmar esses direitos fosse invadir os de Deus. O homem só pode ter deveres, os da criatura para com seu Criador. O movimento pretende ser uma lembrança dos direitos absolutos de Deus sobre toda a Criação" (Louis Schweitzer). Integristas católicos e islamitas, sem dúvida, poderiam fazer sua essa constatação. Mais uma vez, encontramos a ideia do orgulho do homem moderno – de sua *hýbris* –, do seu desafio e do seu excesso: com que direito ele próprio pretenderia definir sua lei e os meios de sua salvação? Para os fundamentalistas protestantes, marcados pela teologia da queda do homem e da graça de Deus necessária para ser salvo, isso seria esquecer que o homem é pecador e que ele necessita de Deus se quer ser regenerado e alcançar a salvação. A conversão de cada um – a do condenado à morte antes da execução, por exemplo – tem mais valor que seu direito inalienável à vida, que um processo equitativo ou que o medo de se enganar sobre sua culpa. A vida piedosa e a moralidade – no caso de uma mulher, por exemplo – importam muito mais que a ideia de seus direitos e de sua emancipação.

Monsenhor Lefebvre não estava muito distante dessas ideias. Como todos os observadores ressaltam, mais que todo o resto, a ideia de liberdade religiosa foi seu alvo no concílio Vaticano II, e ele a combateu em seguida até o fim da vida. É certo, aliás (cf. capítulo 1), que esse ponto foi decisivo em sua ruptura com Roma. Foi a propósito da liberdade religiosa que monsenhor Lefebvre emitiu sua célebre fórmula: "Somente a verdade tem direitos, o erro não tem nenhum", o que não faz mais que retomar uma fórmula tradicional dos tempos da cristandade.

Como provavelmente todos os integristas, ele desconfia da liberdade e dos direitos que os homens concedem a si mesmos como indivíduos. "Somente a verdade tem direitos..." e

A LEI DE DEUS CONTRA A LIBERDADE DOS HOMENS

"a busca da verdade, para os homens que vivem nesta terra, consiste antes de mais nada em obedecer, em submeter sua inteligência a uma autoridade, seja ela familiar, religiosa ou até civil. Quantos homens podem alcançar a verdade sem o socorro da autoridade?" A liberdade leva à imoralidade, ao relativismo, à "morte dos Estados católicos". Não existe em si nenhuma "dignidade da pessoa"; ao contrário, essa ideia de dignidade de todo homem é dissolvente para as instituições: "As dúvidas sobre a legitimidade da autoridade e a exigência da obediência provocadas pela exaltação da dignidade humana, da autoridade da consciência, da liberdade abalam todas as sociedades, a começar pela Igreja, as sociedades religiosas, as dioceses, a sociedade civil, a família." No fim das contas, de tanto insistir na dignidade humana, destrói-se o papel da Igreja como senhora da verdade. De tanto sustentar os direitos humanos, destrona-se Cristo de seus direitos. E, inversamente, de tanto brandir a Verdade possuída (por si, não pelos outros), quem a brande assim esquece que as Declarações dos Direitos Humanos não julgam as doutrinas e as ideias, mas consideram os direitos devidos a cada homem como homem...

A propósito dos direitos humanos, os próprios muçulmanos não islamitas experimentam duas dificuldades particulares, por um lado em razão da forte imbricação entre o político e o religioso, por outro em razão da origem "ocidental" dos direitos humanos. Sem entrar na questão teórica muito debatida pelos especialistas do islã – e pelos próprios muçulmanos – das relações entre islã e política, podemos recordar que o Corão e sua tradição definem o "estatuto pessoal", os direitos e os deveres privados de cada um, em particular os das mulheres. Esse ponto, principalmente, em

FUNDAMENTALISTAS E INTEGRISTAS "DOENTES" DA MODERNIDADE?

razão de suas consequências visíveis, provoca contestações nas sociedades democráticas modernas e nos Estados laicos. O "lenço islâmico", ou o véu, usado pelas jovens muçulmanas nos estabelecimentos escolares, tornou-se assim o símbolo mais visível da lei religiosa muçulmana e, verdadeiro "pano vermelho"[1], não para de suscitar polêmicas (na França!) por sancionar também, na visão de seus opositores, a opressão das mulheres muçulmanas, seu regime de submissão, sua inferioridade jurídica em relação aos homens.

A segunda reticência dos muçulmanos em face dos direitos humanos vem de sua natureza "ocidental"; em outras palavras, de acordo com os que os contestam, do fato de que não são verdadeiramente universais, mas sim marcados por tradições específicas de pensamento: a Antiguidade grega e latina, as Luzes do século XVIII e, sobretudo, a tradição da Bíblia e do cristianismo. De maneira geral, sabe-se que certos Estados não europeus ou não ocidentais também contestam, em nome de suas tradições e de seus costumes próprios, a universalidade dos direitos humanos e o fato de eles se imporem em toda a parte sem exceção. No entanto, é sem dúvida nas regiões do islã que o "ocidentalismo" desses direitos é mais vivamente questionado. No início da década de 1980, até foi publicada uma "Declaração islâmica universal dos direitos humanos": como no caso de outras declarações (existe também, por exemplo, uma Declaração africana), o problema imediato é saber se uma Declaração com um epíteto ao lado do adjetivo "universal" tem algum sentido.

---

1. *O pano vermelho* (*Le chiffon rouge*), música de Michel Fugain que, em 1977, quando um vigoroso movimento grevista sacudiu a França, se tornou uma espécie de hino da luta por uma sociedade mais livre e justa. (N. do T.)

A LEI DE DEUS CONTRA A LIBERDADE DOS HOMENS

Como quer que seja, os islamitas se recusam a se inscrever nessa concorrência por "melhores" direitos do homem, pois não se importam com eles: os direitos do homem pertencem à propaganda, se não à cruzada dos cristãos e dos ateus contra o islã. Eles, os islamitas, invocam a derrocada moral dos Estados ocidentais para demonstrar a inanidade de tais direitos: para Sayyid Qutb, teórico egípcio do islamismo, no mundo ocidental "não têm mais vigência hoje os 'valores' que esse mundo dá como exemplo à humanidade. Ele já não possui nem mesmo aquilo por que ele convence sua consciência de que merece existir, depois que sua 'democracia' se consumou com o que apresenta todos os traços de uma bancarrota". "Dar autoridade somente à lei divina e suprimir as leis criadas pelos homens": é esse, para o islamismo, o único caminho para evitar a "barbárie" moderna...

Mas Sayyid Qutb falava nos anos 1960, e seu protesto visava à falência do marxismo e do socialismo importados depois da descolonização pelos países árabes, ou também à dos Estados mais ou menos corruptos instalados depois da partida dos colonizadores. Ele visava mais aos Estados que à sociedade. Que diria ele hoje, quando os direitos do homem evoluíram cada vez mais, nas democracias ocidentais em todo caso, na direção dos direitos do indivíduo, das liberdades cada vez mais amplas concedidas a grupos de indivíduos, dos direitos de todo tipo para minorias que, faz pouco, eram mantidas à margem dos direitos reconhecidos unicamente para o "homem branco de sexo masculino", ou ainda para os homens e as mulheres legitimamente unidos pelos laços do matrimônio?

Pouco importa aqui a discussão a propósito da extensão desses direitos, por exemplo saber se são filhos legítimos dos direitos do homem proclamados em 1789 e em 1948, ou se representam uma ruptura e uma mudança em relação a essas Declarações. A constatação essencial é a distância suplementar que eles abrem em relação às concepções da liberdade (ou da lei!) desenvolvidas pelo integrismo e pelo fundamentalismo: se os direitos do homem já eram inaceitáveis, quanto mais (de seu ponto de vista) os direitos do indivíduo, que suspendem todos os interditos e autorizam a licenciosidade, em particular os interditos extremamente fortes nas tradições religiosas!

Basta pensar na homossexualidade: embora se possam encontrar marginalmente nos três monoteísmos alguns textos da Escritura e da Tradição, bem como alguns períodos históricos, que atenuam a força do interdito, este foi em geral maciço e muito pouco atenuado. No entanto, nem por isso é impensável que a tradição de interpretação "aberta" das grandes religiões históricas, que "transigem" com os tempos modernos e com suas liberdades, possa integrar esses novos direitos, mostrar pelo menos sua possibilidade, esclarecer os fiéis sobre seu sentido e sua lógica, fazer compreender que conceder esses direitos ainda não é o apocalipse. Nada assim, é evidente, pode se produzir na esfera fundamentalista e integrista, em que o horror e a condenação de tal impiedade permanecerão rigorosos, simplesmente porque a interpretação das Escrituras em função da atualidade foi banida e prevalece a interpretação da atualidade em função das Escrituras, lidas literalmente e a partir da Tradição petrificada.

No entanto – um paradoxo aparente –, na situação minoritária em que eles próprios se acuaram nas democracias ocidentais, acontece de os radicais religiosos usarem os mesmos argumentos que seus adversários. Você diz: "É minha opção." Eu respondo: "É minha lei", no sentido de: "A lei religiosa é minha opção." Assim reagem as mocinhas com o lenço ou o véu islâmicos: por que elas não teriam direito à sua opção? Pouco importa aqui a parte de provocação presente em sua atitude, ou que elas sejam empregadas e instrumentalizadas por grupos islâmicos. Elas fazem sua, sem saber, a velha reflexão filosófica sobre o relativismo: levado ao extremo, ele próprio se relativiza, necessariamente. Por que o "é proibido proibir" não se aplicaria a elas, quando tantas liberdades – morais, de vestuário e outras – são concedidas aos outros jovens? A favor delas, devemos pelo menos dizer que elas não inventaram o "diferencialismo", essa defesa extrema das diferenças na sociedade ultramoderna, que elas propõem... Como quer que seja, é forçoso constatar a concordância entre ascensão dos extremismos religiosos e desenvolvimento do individualismo ético depois dos anos 1970.

Ciências e técnicas: um uso sem moderação... e sem crítica

Não somente a maioria dos radicais religiosos não alimenta nenhuma reticência quanto às ciências e às técnicas, como não hesitam, principalmente no campo fundamentalista, em fazer um uso quase imoderado delas. Contrariamente a um preconceito corrente, essa modernidade não é um problema para eles, enquanto ela não se apresenta sob uma forma crítica relativamente às suas convicções. Ela proporciona, ao contrário, grandes vantagens, não só para a vida profana, mas também para a vida religiosa: de fato, o transporte moderno, as técnicas de comunicação, os meios informáticos são, em si, neutros. Claro, eles podem ser mal empregados, pervertidos, veicular o vício e, nessa medida, são demonizados, como todas as invenções dos tempos modernos. Mas, postos a serviço da religião, permitem um proselitismo intenso, multiplicado em quantidade e em rapidez. Só conta o uso que se faz, contanto que seja respeitada a lei religiosa: assim, um cosmonauta saudita piedoso pode voar num foguete americano, contanto que possa se voltar para Meca na hora de fazer suas orações...

Os fundamentalistas, cristãos e muçulmanos, fazem portanto um uso considerável da mídia, inclusive da mídia "*dernier cri*", quer se trate dos tele-evangelistas americanos com seus *shows* ou dos islamitas que multiplicam há tempos as pregações e as mensagens em cassetes, áudio e vídeo, enchendo com elas as livrarias e os centros muçulmanos fundamentalistas do mundo inteiro. As críticas a essas ferramentas de trabalho, em particular no que concerne às mensagens religiosas, são totalmente ignoradas. No fundo, o que importa, antes de mais nada, é que a mensagem seja dita, repetida, repisada, reproduzida, multiplicada, que alcance o maior número de ouvintes e telespectadores possível. Que, de certo modo, ela seja semeada em toda a parte. Pouco importa que tenha resultados ou não, e a qualidade destes. Não se trata de informar nem de esclarecer, mas de persuadir e converter. Pode-se mesmo dizer que a mídia é empregada quase exclusivamente para converter: sua crítica esclarecida não tem sentido.

Somente os integristas católicos, dizíamos, manifestam certa distância em relação aos instrumentos audiovisuais. Marcados, pelo menos relativamente, por uma forte tradição de cultura escrita, muito unilateral decerto, são críticos diante dos meios de comunicação modernos. Embora não se privem de uma proposição de expressão no rádio e na tevê, o uso dos meios midiáticos para a conversão direta se choca, no fim das contas, com o papel mediador forte que atribuem à Igreja, com sua desconfiança em relação às emoções, sua cultura teológica e seu desprezo em geral pela civilização moderna e suas ferramentas.

Entre os fundamentalistas, muitas vezes acompanhados nesse ponto por outros crentes simplesmente tradicionais, qualquer reflexão sobre o conhecimento científico e sobre as mudanças que ele provocou na imagem do mundo está evidentemente ausente. A atitude deles é franca e unicamente reativa. Assim como as técnicas, as descobertas científicas também são instrumentalizadas: quando elas dão arrimo às convicções e às crenças, são citadas com deferência e servem para uma apologética – uma defesa da religião – totalmente primária. Assim, na entrevista dada a um pesquisador alguns dias antes de morrer, o jovem terrorista de Lyon, Ahmed Khelkal declarava duas vezes que a Nasa, a agência espacial americana, havia provado a verdade do Corão! Uma asserção, sem dúvida, repetida e propagada nas redes islâmicas que ele frequentava.

O concordismo – essa atitude que consiste em fazer as asserções da Escritura e as das ciências modernas concordarem – faz sucesso. Viu-se uma obra (de um médico francês, Maurice Bucaille) consagrada a essa concordância entre a ciência moderna e o Corão (contrariamente à Bíblia, repleta de mitos...) ser muito bem recebida pelos estudantes muçulmanos. Desse modo, eles podem se fortalecer no islã, mas à custa de uma atitude intelectual obsoleta. Como diz muito bem Olivier Roy, "um recém-educado falará mais facilmente das concordâncias entre o Corão e a física nuclear do que entre o Corão e a Escola dos Anais ou o estruturalismo. É a ciência exata que fascina o islamismo, não as ciências humanas, precisamente porque as ciências humanas são um processo de desconstrução do homem total... As ciências puras ou aplicadas são apresentadas como uma ilustração da coerência do Todo, da vontade divina, da racionalidade do Uno". Faz no entanto muito tempo que o concordismo, que causou estragos entre os cristãos no século XIX e ainda no século XX, entre os fundamentalistas precisamente, foi varrido pela crítica. Com efeito, o concordismo é antes de mais nada uma atitude defensiva, uma posição de recuo que não pensa absolutamente a situação da fé em relação à ciência. Seu pressuposto é que ele considera implicitamente a Bíblia, o Corão, as Escrituras como livros de ciência ou que também revelam verdades científicas... Uma confusão ruinosa para os crentes, que só pode levar a um impasse: de fato, cada avanço da ciência representa inevitavelmente então uma derrota para a fé, a não ser que se encontrem novas concordâncias ainda mais incríveis que as precedentes.

Em todo caso, quando resultados científicos contradizem as convicções fundamentalistas, são pura e simplesmente ignorados, rejeitados, no máximo contraditos por argumentos bíblicos ou corânicos supostamente "científicos". A esse respeito, o ponto de atrito mais sensível – e mais célebre – desde o século XIX diz respeito a uma contradição maior entre a própria Revelação e uma descoberta científica específica. Estou falando da Criação do mundo, realizada em seis dias de acordo com os três capítulos iniciais do primeiro livro da Bíblia, o Gênesis, e das teorias de Darwin sobre a evolução (cf. capítulo 1). Os fundamentalistas "criacionistas" rejeitam as pretensões deste último e tentam defender a Criação tal como está registrada no texto bíblico, à custa de contorções às vezes inacreditáveis.

Eles poderiam se contentar com cultivar essa convicção por sua própria conta. Mas a reação deles, também nesse ponto, é típica da deriva fundamentalista atual: apesar do processo perdido em 1925 no Estado do Tennessee, em que eles se ridicularizaram, alguns nos Estados Unidos exigiram e continuam exigindo o ensino na escola do relato bíblico da Criação para rebater as teorias de Darwin (elas próprias corrigidas e completadas mais tarde por outros cientistas – pouco importa aqui). Em outras palavras, pretendem estender suas concepções ao conjunto da sociedade. É verdade que é difícil proclamar que somente o retorno à Bíblia poderá salvar a América e, ao mesmo tempo, deixar a crítica e a dúvida a propósito da Revelação que ela contém se infiltrarem... Lembremos que muitos "criacionistas" são recrutados entre pesquisadores e professores das faculdades de ciências dos Estados Unidos.

Como falei no capítulo 1, o grande abalo que provocou o nascimento do fundamentalismo nos Estados Unidos veio da exegese científica moderna, que abordava o texto bíblico como qualquer texto profano, com os métodos da crítica histórica, e que lançou luz, pelo menos num primeiro tempo, sobre suas incoerências, seus relatos míticos, seu fundo comum a outras religiões do Oriente Próximo antigo. Definir "fundamentos" era pôr ao abrigo da crítica o texto e a fé bíblicos, o que não se discute, ou o que se recusa discutir. Somente num segundo tempo, e bem tarde no fim das contas, é que veio a virada política da *Moral Majority*.

FUNDAMENTALISTAS E INTEGRISTAS "DOENTES" DA MODERNIDADE?

O fundamentalismo islâmico seguiu em parte o caminho inverso: nascido das decepções e da rejeição da modernidade política estabelecida após a descolonização, ele ainda não enfrentou o desafio que seria inevitavelmente criado, para a interpretação do Corão e das fontes antigas, pela entrada em cena dos métodos históricos e críticos, e mais geralmente do conjunto das ciências humanas. No entanto, essa entrada em cena é inevitável e será assumida cada vez mais por pesquisadores nascidos na religião e na cultura islâmicas: não se poderá mais acusar unilateralmente o Ocidente de querer destruir o islã. É possível que se assista então a um novo "choque" para as mentalidades muçulmanas, mas o cenário pior não é garantido: para aqueles e aquelas que aceitam esse desvio, uma abordagem crítica das origens também pode destravar os espíritos, libertá-los do domínio de uma fé amarrada a concepções infantis – e perigosas – de Deus e da religião. Que pensar, por exemplo, de adolescentes que se sentem ameaçadas pelo inferno se não usarem o lenço islâmico? Mas, sobretudo, que pensar do Deus que trata assim seus fiéis? Como escrevia não faz muito um bom conhecedor do assunto (Michel Chodkiewicz), o islã fundamentalista é, do ponto de vista intelectual e teológico, um "islã pobre". Mas essa observação poderia se estender ao fundamentalismo em geral: ele repousa numa "posição predeterminada de ignorância" diante do que o incomoda, seja a ciência, a cultura, os outros, a alteridade. A realidade é simples, o mundo é dual, a história é dividida entre o Bem e o Mal, a Salvação e a Danação, os outros homens são amigos ou inimigos.

A LEI DE DEUS CONTRA A LIBERDADE DOS HOMENS

Um mundo de certezas

Afinal de contas, para compreender as atitudes fundamentalistas, é necessário remontar aos pressupostos religiosos que os suportam. Além, ou aquém, da crítica que perturba os espíritos, a Bíblia ou o Corão são lidos como livros de respostas, e não de questões ou de questionamentos que poderiam inquietar, menos ainda pôr em dúvida. E não apenas respostas em geral, mas respostas em detalhe, a tudo e em toda circunstância. Contrariamente ao que se poderia pensar à primeira vista, a interpretação literal dos Textos não tem a menor dificuldade para ligar toda situação e todo acontecimento contemporâneo a um versículo bíblico ou corânico. Evitando compreender e interpretar as Escrituras e os acontecimentos contemporâneos em seu contexto e complexidade, esse literalismo pode "aplicar" as primeiras aos segundos sem problemas. Na realidade, não se interpreta: fazem-se malabarismos com os versículos e as citações, o que é bem diferente.

A forma da rejeição da crítica é, portanto, típica. Afinal, rejeitar os excessos do enfoque histórico e crítico, e outras interpretações redutoras das Escrituras, não é em si ilegítimo. Mas onde outros enfrentaram e enfrentam de cara o desafio intelectual que as exegeses modernas da Revelação colocam, os fundamentalistas replicaram e replicam sempre opondo muros, barreiras e repúdio categórico da discussão. Entre os extremistas, em todo caso, não se discute: afirmam-se e reafirmam-se princípios. Ao contrário, o princípio moderno do debate, com ideias e argumentos racionais para convencer o outro, é totalmente ignorado: só se conhece a afirmação repetitiva do caráter sagrado, "tabu", do Texto revelado, escrito com o próprio dedo de Deus. Antes de passar à ação, os fundamentalistas erigem portanto uma fronteira ou um corte intelectual que é o oposto exato das posições de Kant evocadas acima (capítulo 2): enquanto, neste mundo, nada escapa de direito à crítica da razão para se tornar legítimo, um domínio – o da Revelação – estaria fora desse enfoque. Essa posição pode ser socialmente desconfortável, decerto, mas proporciona muito conforto religioso. Ela implica uma concepção "vertical" da Revelação, descida diretamente dos céus, sem intermediários humanos, e uma recepção humana cujo critério é a obediência e a submissão integrais. A interpretação será, na melhor das hipóteses, um comentário, nunca uma crítica; será a exortação e a pregação, não a compreensão. O que importa antes de mais nada é não sair do universo das certezas.

Uma última palavra, talvez: haja vista o que precede, devemos dizer que integristas e fundamentalistas são absolutamente "pré-modernos" ou "antimodernos"? É provavelmente verdade, com alguns matizes, no caso dos dois integrismos, o católico e o judeu. Em compensação, já fiz alusão a certos aspectos "modernos" dos radicais muçulmanos, que pretendem "islamizar a modernidade", ou dos fundamentalistas americanos, cujas práticas religiosas estão em afinidade com o liberalismo e a globalização econômicos. Mais sutilmente, os fundamentalistas talvez estejam em uníssono com o "pós-moderno" em outros pontos: basta pensar, por exemplo, no... simplismo de sua mensagem, que vai de braços dados com o fim ou a degradação da civilização da escrita, em benefício de uma cultura cada vez mais exclusivamente áudio e televisual; ou ainda, no caso de alguns, na importância que atribuem à emoção, ao papel do corpo na fé, às grandes concentrações, que tanto apreciam e que proporcionam a sensação de existir em grupos movidos por um real dinamismo... E, portanto, contrariamente aos discursos e aos atos deletérios que gostariam de fazer crer que "a religião é coisa do passado", os fundamentalistas provam *de visu*, a si mesmos e aos outros, que eles são capazes de se adaptar à atualidade, mesmo à que contestam e detestam.

Conclusão.
O futuro do fundamentalismo e do integrismo

Que futuro para o fundamentalismo e o integrismo religiosos? Eis a questão, a única finalmente, que se impõe no fim deste percurso. A quem respondesse: "Pouco futuro", eu me sentiria tentado a retorquir que confunde seus desejos com a realidade. A essa resposta, no entanto, não falta pertinência. Afinal de contas, não fosse a violência dos islamitas, que culminou num grau nunca alcançado com o atentado contra o World Trade Center, em 11 de setembro de 2001, alguém falaria tanto do extremismo religioso? E essa violência mesma exprime outra coisa senão as convulsões provisórias de uma religião muçulmana ou de Estados e indivíduos muçulmanos já amplamente contaminados pelos imperativos modernos e integrados nos circuitos da modernidade? Em *L'Islam mondialisé*, Olivier Roy indica de maneira sugestiva e convincente a que ponto os fundamentalistas e suas redes, como as da Al-Qaida e outras, já funcionam sem saber segundo modos tipicamente modernos que não dominam.

Como sugeri de passagem, as terras do islã fazem parte das que sofreram num lapso de tempo curtíssimo os impactos da modernidade que as terras da Europa tiveram quase três séculos para "digerir": industrialização rápida, que, apesar da riqueza petrolífera de numerosos países árabes, nem de longe beneficia a todos e não se traduz necessariamente por um melhor-estar moral; choque de culturas, onde a civilização rural tradicional se eclipsa em algumas décadas para ceder lugar à cultura urbana, ao consumo, à mídia; acesso de muitos à educação, inclusive até o nível universitário, mas num ambiente social e escolar tal, que os "novos intelectuais" muçulmanos são desclassificados, sem saída profissional verdadeira, sem reconhecimento portanto, com saberes desconexos, divididos entre a ciência moderna e a tradição religiosa... Há um só passo do rancor deles ao engajamento nos movimentos islâmicos, à mobilização contra o Ocidente, à passagem à violência talvez.

No entanto, essa etapa caótica deveria ser transitória, dizem os que não veem futuro para o extremismo fundamentalista. As sociedades muçulmanas assimilarão a reviravolta da modernidade: basta dar um pouco de tempo ao tempo, esperar a chegada de novas gerações, que já terão esforços menos duros a fazer para se adaptar à nova situação, ou a ascensão de classes médias secularizadas, aspirando aos benefícios materiais da modernidade e às liberdades que ela promove. Por que não? Essa visão de apaziguamento progressivo, transposta da "transição democrática" profana, não é absurda. Afinal, na França, a laicização da escola e a separação entre a Igreja e o Estado foram realizadas com o aval do povo da "filha mais velha da Igreja", que em ambos os casos reelegeu a maioria que as tinha efetuado.

Hoje, de certo modo, tanto para o Estado de Israel como para os Estados muçulmanos, o problema não reside na conversão ou na evolução de seus integristas e fundamentalistas: ele está na maneira de vencê-los pela legislação e pela

CONCLUSÃO

Constituição, para rejeitar definitivamente suas pretensões a um passado superado. A analogia entre a Igreja católica francesa de antes da separação e a situação do islã, de um lado, e entre os Estados Unidos de antes da sua Constituição e o Estado de Israel, de outro, é tentadora.

Afinal, como podemos excluir que os muçulmanos "trabalhados" pela modernidade desejem um dia governos que realizariam "de cima para baixo", mas democraticamente, a laicização do Estado e sua separação da religião, apesar da resistência das correntes fundamentalistas? Os pontos comuns mas também as diferenças entre catolicismo de antes da separação e islã contemporâneo saltam aos olhos. Pelo menos, é preciso abandonar a ideia de que, substancialmente, por sua origem e suas doutrinas, o islã seria incapaz de entrar na modernidade. Que ele tenha dificuldades específicas é provável, mas pensar que os muçulmanos, e só eles, escapariam da historicidade – da mudança – que atinge toda realidade neste mundo não tem sentido. O que acontece no Irã hoje é eloquente: com Farhad Khosrokhavar, Olivier Roy salientou recentemente como apenas vinte anos de revolução religiosa haviam no fim das contas arruinado mais as pretensões da "lei de Deus" do que todos os discursos. Se o Estado religioso não fosse mantido pela força, já teria ido abaixo, dando lugar, provavelmente, a uma forma de Estado laico.

Quanto ao Estado de Israel, democrático e no entanto religioso (ou o contrário), sob certos aspectos ele se parece com os Estados Unidos de antes da Constituição americana: vive na pluralidade, a das religiões em geral e a do próprio judaísmo. Carrega, decerto, o peso de sua história recente, e uma das grandes diferenças está, evidentemente, na presença de um judaísmo amplamente majoritário, que justifica a expressão corrente de "Estado judeu". Só por ele, mesmo se proferido por não judeus, o epíteto trai uma pré-modernidade política. Estaria fora de cogitação, no entanto, que Israel reconheça em sua Constituição essa sua pluralidade já realizada, indo de encontro aos partidos religiosos que até hoje fizeram dele um Estado em que a separação entre a religião e o Estado não se consumou, em que o pluralismo religioso não é reconhecido, em que a desigualdade por motivos religiosos tenha direito de cidadania?

Segundo outra óptica, o extremismo integrista e fundamentalista tem futuro para si, ainda que não seja com os traços da violência extrema que caracteriza o islamismo. O primeiro argumento nesse sentido salta aos olhos: se a modernidade é sinônimo de "crise", as mesmas causas não cessarão de produzir os mesmos efeitos, ora maciços, ora marginais, sempre inquietantes. Um segundo argumento de peso vem ao espírito: afinal, nem o fundamentalismo protestante nem o integrismo católico atuais são explicados pelas condições sociais; as populações envolvidas com eles fazem parte da classe média, às vezes até da "classe média alta". O que parece sempre determinante é o advento de um mundo moderno insuportável. Como diz muito bem Joseph Moingt: "Ameaçada, a religião se faz mais ameaçadora; ela se torna, de parte dos que lhe permanecem fiéis, uma reivindicação de identidade e de visibilidade que tem naturalmente por objeto seus pontos 'fundamentais'." O cisma dos integristas católicos se explica pela reforma que a própria Igreja empreendeu para se reconciliar com o mundo moderno, em particular para reconhecer a liberdade religiosa. O sucesso dos fundamentalistas protestantes deve-se às revoluções culturais e morais do individualismo pós-moderno – "revoluções" em que enxergam o declínio da América e da civilização cristã. A essas revoluções, as Igrejas protestantes oficiais, nos Estados Unidos e no mundo, certamente não deram seu aval, mas, como se sabe, elas e seus adeptos tiveram com frequência uma atitude liberal em relação a esses novos comportamentos, e até se deixaram contaminar por eles... Poderíamos tirar dessa constatação a seguinte conclusão: quanto mais as grandes confissões religiosas se adaptam ao mundo presente, mais elas apagam sua diferença em relação aos valores da sociedade pós-moderna, mais elas perdem sua identidade... e mais fornecem aos grupos mais radicais pretextos para se constituir e se afirmar em nome de uma fé mais intransigente. Aí reside um dos limites de todas as renovações religiosas num sentido liberal: elas parecem criar imediatamente um espaço para afirmações identitárias que podem ir até a ruptura de fato ou de direito com as "grandes Igrejas" ou com a maioria religiosa.

No fim das contas, falta sem dúvida ao liberalismo o que precisamente seduz os espíritos religiosos no fundamentalismo e no integrismo: a dimensão escatológica*, quando não apocalíptica*, que permite ao mesmo tempo interpretar a crise do mundo, a infelicidade de existir, a presença persistente do mal, e alimentar a esperança de escapar disso tudo. Apesar de o divertimento, no sentido de Pascal, ser a coisa mais difundida do mundo, jamais todos os homens, por todo tipo de razões, viverão numa sociedade percebida unicamente como "humorística" (Gilles Lipovetsky). Sempre permanecerá, em minorias que podem se tornar a qualquer momento maiorias – morais, sociais ou outras –, a percepção duradoura e recorrente do trágico, também e sobretudo em tempos pós-modernos que o negam. Em todas as religiões, as teorias escatológicas e apocalípticas do fim dos tempos permitem integrar essa dimensão e lhe dar sentido.

Levadas ao extremo, essas teorias são no fim das contas as únicas capazes de "explicar" os atentados terroristas, quer seus autores se suicidem, quer não, matando outros humanos: eles creem realizar assim, e já, o fim dos tempos e consumar o julgamento de Deus contra os maus, mesmo que entre as vítimas haja muitos inocentes: Deus reconhecerá os seus! Sem chegar tão longe, o erro ou a ilusão dos integristas e dos fundamentalistas consiste, no fundo, em crer que fazendo reinar neste mundo a lei de Deus, querendo "apressar o fim", acelerando a vinda do Messias, eles fazem o que agrada a Deus. Como diz o filósofo Franz Rosenzweig, eles não passam de "tiranos do Reino do céu": pretendem expulsar o mal desde já, deles mesmos, dos outros, da sociedade, do Estado, do mundo inteiro. Sabe-se o que essas teorias produziram no século XX, quando ideologias seculares e totalitárias as aplicaram. Por que seria de outro modo com as religiões?

Se posso dar, para concluir, um conselho "em particular", integristas e fundamentalistas cristãos fariam bem em ler, ou reler, a parábola do joio e do trigo, no Evangelho: eles estão condenados a coexistir até o fim dos tempos, para o bem, e não para a perda da humanidade. Os outros têm muitos textos para se lembrar de que "Deus é Deus", que é "verdadeiramente um Deus oculto" e que a verdadeira irreligião do homem consiste em formar dele imagens que o tragam a seu miserável ponto de vista, o do homem, que é importante não confundir com o de "Deus".

Glossário

ACTION FRANÇAISE (Ação Francesa): movimento político nacionalista fundado na França em fins do século XIX. Animado por Charles Maurras, que aderia ao positivismo de Augusto Comte, exalta a tradição, a disciplina, o grupo e a coletividade. Antes de tudo, o indivíduo deve se apagar diante da nação. Maurras opõe o catolicismo, como cultura romanizada, não semita, antiprotestante, ao cristianismo, isto é, à mensagem subversiva e dissolvente de Cristo, carregada de semitismo. Assim compreendido, o catolicismo, como cultura e organização, representa o pilar da ordem social nacionalista. Com essa doutrina a Action Française atraiu muitos católicos, que não viam oposição entre esse sistema e a fé católica. Mas a Action Française foi condenada pelo papa Pio XI em 1926. Sua insistência na "civilização católica" continuou a seduzir os católicos intransigentes, donde os laços entre a Action Française e o integrismo católico.

ADESÃO: em 1890, o papa Leão XIII, constatando o impasse total, na França, das relações entre a Igreja e a República, decidiu fazer um gesto em direção aos dois protagonistas: o cardeal Lavigerie, arcebispo de Argel, convidou os oficiais da esquadra e ergueu um "brinde" à República. Esse gesto foi mal recebido pelos católicos intransigentes, mas mesmo assim inaugurou um novo curso para as relações entre a Igreja católica e a República.

A LEI DE DEUS CONTRA A LIBERDADE DOS HOMENS

ANABATISTAS (apelidados de "rebatizadores" por seus adversários): surgidos desde os primeiros tempos da Reforma, na Alemanha, Suíça, Áustria e nos Países Baixos, rejeitavam o batismo das criancinhas e, portanto, praticavam um segundo batismo na idade da razão. Certos grupos imigrarão para os Estados Unidos no século XVIII.

ANGLICANISMO: Igreja estabelecida na Inglaterra, nascida do cisma do rei Henrique VIII, que rompeu com Roma em consequência da recusa do papa a anular seu casamento (1530). O anglicanismo rejeita a autoridade do papa e reconhece como chefe supremo o rei da Inglaterra. Todavia, como a ruptura não tinha razões doutrinais, o anglicanismo permaneceu no início, e permanece ainda hoje, marcado pelas formas de organização, pela liturgia e até pela teologia católicas, sem deixar porém de ser influenciado pelo calvinismo. Ele se divide portanto em *Low Church*, mais próxima dos protestantes, e *High Church*, que se situa mais na tradição católica. No momento da independência americana, a Igreja anglicana quis se fazer reconhecida como "Igreja oficial" nos Estados Unidos, mas essa tentativa malogrou.

APOCALIPSE: ver *Escatologia*.

BATISTAS: denominação protestante surgida no início do século XVII. Praticam o batismo por imersão de indivíduos conscientes de seu gesto. Vivendo em comunidades autônomas ligadas por vínculos horizontais (ver *Congregacionalismo*), pregam a liberdade de consciência, o respeito às liberdades e aos direitos individuais. Inspiraram diretamente a Constituição americana.

CISMA: ver *Hierarquia católica*.

CONGREGACIONALISMO: corrente protestante que considera que a Igreja é cada comunidade reunida num lugar dado e, portanto,

GLOSSÁRIO

que cada uma pode se organizar como quiser. Surgidos na Inglaterra no início do século XVII, os congregacionalistas foram perseguidos e refugiaram-se nos Estados Unidos (os peregrinos do *Mayflower* eram congregacionalistas). São importantes na cultura do individualismo americano.

CROMWELL, OLIVER (1599-1658): "Lorde Protetor" da Inglaterra, Escócia e Irlanda a partir de 1653, calvinista e puritano convicto, governa com mão de ferro e reprime implacavelmente não apenas os católicos irlandeses, mas também os dissidentes e os grupos sectários oriundos do anglicanismo e do calvinismo.

DENOMINAÇÃO: palavra que designa os numerosos "cultos" e agrupamentos protestantes, em particular americanos, que constituem Igrejas mais ou menos autônomas.

DESPERTARES (protestantes): movimentos espirituais de massa que surgem no mundo protestante para "despertar" as Igrejas e chamá-las à conversão, contra seu conformismo, sua rotina, seu intelectualismo. Os despertares encerram muitas vezes tendências fundamentalistas.

DIGGERS ("escavadores"): seita protestante surgida na Inglaterra no século XVII, animada por projetos sociopolíticos utópicos. Os *diggers* viviam em comunidade e cultivavam terras ocupadas ilegalmente.

ENCÍCLICA: carta enviada pelo papa aos bispos, padres e fiéis do mundo inteiro.

EPISCOPALIANOS: nome dos membros da Igreja anglicana nos Estados Unidos.

A LEI DE DEUS CONTRA A LIBERDADE DOS HOMENS

ESCATOLOGIA: a "escatologia" (do grego *éskhatos*, "fim", e *lógos*, "discurso") diz respeito às realidades ou aos fins últimos, ou, mais simplesmente, ao fim do mundo. A concepção que os crentes têm desse fim (bem como da origem) do mundo pode ter consequências muito importantes. É o caso, por exemplo, quando o imaginam como um apocalipse (do grego *apokálypsis*, "revelação", "desvendamento") no sentido corrente e simplista da palavra: destruição violenta dos inimigos de Deus e salvação para os fiéis.

EVANGÉLICOS: membros da corrente protestante surgida na Inglaterra no fim do século XVIII, que insiste na experiência da conversão interior – é com isso que o pecador experimenta a graça e o amor de Deus por ele. Muito dinâmicos hoje em dia, os evangélicos permeiam todas as denominações* protestantes; uma parte deles é nitidamente fundamentalista.

HIERARQUIA CATÓLICA: os bispos, à frente de uma diocese, governam a Igreja com o papa, que é *primus inter pares*, "o primeiro entre os iguais". Segundo a Igreja católica, eles receberam seu poder pela imposição das mãos, mantido desde as origens sem descontinuidade: é a "sucessão apostólica", de que se vale a Igreja católica; ela "supera" cada bispo e não lhe pode ser tirada. Portanto, ao consagrar bispos de maneira não lícita (= não permitida), mas válida (os bispos que ele ordenou são efetivamente bispos), monsenhor Lefebvre criou *ipso facto* sua própria Igreja cismática (= em ruptura com a Igreja católica).

IRMÃOS MORÁVIOS: no século XV, são dissidentes do movimento de reforma da Igreja lançado em Praga e na Tchéquia por Jan Hus (morto na fogueira em 1415). Insistem na vida fraterna em pequenos grupos fervorosos. Os irmãos morávios são, por sua vez, reformados no século XVIII pelo conde Von Zinzendorf. Ele os reorienta para a união das Igrejas, a educação, a missão.

GLOSSÁRIO

KHARIDJITAS: partidários da eleição do califa no seio da comunidade dos crentes (ver *xiitas* e *sunitas*). Representam 1% dos muçulmanos no mundo.

LEVELLERS ("niveladores"): seita apocalíptica do tempo de Cromwell*. Ela misturava expectativas espirituais e interesses sociopolíticos (os *levellers* queriam eliminar ao mesmo tempo a liberdade e a propriedade para estabelecer o reino de Cristo na terra).

LIBERALISMO: hoje, conhecemos sobretudo o liberalismo econômico, isto é, uma economia de mercado livre, sem intervenção do Estado. Mas a palavra tem, ou teve, outros sentidos. No domínio religioso em particular, desde o século XIX, o liberalismo é o inimigo por excelência de todos os intransigentes, integristas, fundamentalistas, ortodoxos e ultraortodoxos reunidos. Um liberal em religião sustenta, fora de sua confissão religiosa, as grandes liberdades públicas e as reformas, assim como uma grande margem de liberdade individual dentro dela.

MENONITAS: grupo formado por anabatistas da segunda e da terceira geração, fundado pelo holandês Menno Simons, depois da repressão que se abateu sobre os primeiros anabatistas. Alguns grupos instalaram-se no século XVII nos Estados Unidos.

METODISTAS: denominação fundada por John Wesley por volta de 1740 na Inglaterra, seus membros insistem na conversão pessoal e na entrada num processo de santificação, efetuado segundo regras precisas e metódicas, donde seu nome. Eles se espalharam pelos Estados Unidos durante a segunda metade do século XVIII. Para a evangelização, os metodistas organizavam sistematicamente imensas reuniões. Os hinos da tradição metodista tiveram, para além do próprio metodismo, um grande impacto espiritual (os *negro spirituals* provêm deles).

MODERNISMO: palavra empregada na Igreja católica na passagem do século XIX ao XX para designar e estigmatizar coletivamente filósofos, exegetas, estudiosos católicos que tentavam conciliar a fé católica com as exigências do pensamento e da pesquisa científica modernos. Os principais "modernistas" foram Alfred Loisy e o padre Lagrange, especialistas da Bíblia, Maurice Blondel, Édouard Le Roy, o padre Lucien Laberthonnière, filósofos e teólogos. Como os liberais, os modernistas são os grandes adversários do integrismo.

PENTECOSTALISMO: denominação protestante fundada por um negro americano, William James Seymour, no início do século XX. Insiste na efusão do Espírito Santo, ainda hoje, na Igreja, efusão que transforma, salva, cura quem a recebe. Os pentecostalistas são conhecidos por suas assembleias entusiastas, efervescentes, por seu "falar em línguas", pelos milagres que se produzem no momento da prece. O movimento pentecostalista está ainda hoje em forte crescimento, em particular no Terceiro Mundo. Muitos pentecostalistas, mas não todos, são fundamentalistas.

PIETISMO: movimento espiritual fundado no século XVII pelo alsaciano Jakob Spener (falecido em 1705). O pietismo é uma reação à secura e à racionalização da teologia luterana oficial, em benefício do sentimento e do fervor interior, compartilhados em pequenos grupos piedosos. O pietismo influenciou numerosos movimentos protestantes, entre outros o metodismo*.

PRESBITERIANISMO: nome da Igreja reformada (calvinista) nos países anglo-saxões. John Knox (falecido em 1572), que lhe deu esse nome, teve um papel importante em sua expansão na Inglaterra, em particular na Escócia, na segunda metade do século XV. Os "antigos" (*presbýteros*, em grego) participam do governo da Igreja. As críticas dos presbiterianos contra o poder atraíram a hos-

GLOSSÁRIO

tilidade de Elisabete I, donde a partida de muitos deles para os Estados Unidos.

PURITANISMO: corrente surgida na Inglaterra no fim do século XVI. Os puritanos se esforçam por fazer evoluir a Igreja anglicana para um calvinismo rigoroso, baseado na Escritura. Tornando-se indesejáveis no século XVII, emigraram para os Estados Unidos, onde desempenharam um papel importante na Nova Inglaterra e influenciaram a redação da Constituição americana. A austeridade e a rigidez moral deles estão na raiz de seu nome.

QUAKERS ("tremedores") ou "Sociedade dos Amigos": grupo fundado por George Fox em 1652, seus membros contam principalmente com a experiência interior e pessoal de Deus e de seu espírito. Fortemente igualitários, sustentam o ministério dos laicos e dão responsabilidades espirituais às mulheres. Seu pacifismo é célebre. Um deles, William Penn, fundou, em 1682, o "Estado quaker" na Pensilvânia.

RANTERS ("vagabundos"): espirituais desorganizados no início do século XVII inglês, errantes, com tendências anarquistas.

SEEKERS ("buscadores"): ferozmente opostos a toda organização, preconizavam a experiência espiritual individual. George Fox recrutou entre eles os primeiros *quakers**.

SHAKERS ("agitadores", como os *quakers**): seita oriunda do congregacionalismo, instalada nos Estados Unidos em fins do século XVIII. Os *shakers* são conhecidos por sua vida comunitária utópica, marcada pela experimentação social, econômica, cultural.

SIONISMO: designa o movimento lançado por Theodor Herzl (1860-1904) para instaurar um Estado judaico em Israel. A laicidade do projeto explica por que os judeus integristas o combateram, antes que alguns deles o transformassem numa doutrina messiânica. O sionismo é frequentemente acusado hoje por seus inimigos, árabes e outros, de ser uma ideologia judaica de conquista e expansão.

SUNITAS: são a grande maioria dos muçulmanos no mundo (perto de 80%). Para eles, o califa, chefe espiritual do islã, devia ser eleito entre os membros da tribo de Maomé.

XIITAS: muçulmanos que consideram que só pode exercer a autoridade espiritual e temporal um membro da família do Profeta, em outras palavras, um herdeiro da linhagem de Ali, primo e genro de Maomé (ver *Sunitas*). Estabelecidos principalmente no Irã e no Iraque, representam 10% dos muçulmanos no mundo. A dissensão (*fitna*) com os sunitas e os kharidjitas* intervém desde a terceira geração do islã.

Bibliografia

BAUBÉROT, Jean, *Le Retour des huguenots. La vitalité protestante. XIXe-XXe siècle*, Éditions du Cerf/Labor et Fides, 1985.
____, *Vers un nouveau pacte laïque*, Seuil, 1998.
BAUBÉROT, Jean, e MATHIEU, Séverine, *Religion, Modernité et Culture au Royaume-Uni et en France. 1800-1914*, Seuil, col. "Points Histoire", 2002.
BUCAILLE, Maurice, *La Bible, le Coran et la Science*, Pocket, col. "Agora", 1976.
Cahiers Bernard Lazare, n.º 128-130, *L'Expression passionnelle en politique et en religion*, 1991 (artigo de Alain Dieckhoff sobre o *Gush Emunim* e mesa-redonda sobre "Passion fondamentaliste et partis pris d'ignorance").
COHEN, Shalom, *Dieu est un baril de poudre. Israël et ses intégristes*, Calmann-Lévy, 1989.
Concilium, n.º 262, *Nationalisme et Religion*, 1995.
COSANDEY, Fanny, e DESCIMON, Robert, *L'Absolutisme en France*, Seuil, col. "Points Histoire", 2002.
Encyclopédie du protestantisme, Éditions du Cerf/Labor et Fides, 1995.
ESLIN, Jean-Claude, *Dieu et le Pouvoir*, Seuil, 1998.
FATH, Sébastien, *Billy Graham, pape protestant?*, Albin Michel, col. "Sciences des religions", 2002.
____, "Le fondamentalisme", *Spiritus*, n.º 171, junho de 2003, pp. 134-6.

FOUILLOUX, Étienne, "Intégrisme catholique et droits de l'homme", em ACAT, *Fondamentalismes, Intégrismes. Une menace pour les droits de l'homme*, Bayard Éditions/Centurion, 1997.

GOUGH, Austin, *Paris et Rome. Les catholiques français et le pape au XIXe siècle*, Éditions de l'Atelier, 1996.

GOZLAN, Martine, *Pour comprendre l'intégrisme islamiste*, Albin Michel, 2002.

GREILSAMMER, Ilan, *Israël, les hommes en noir*, Presses de la Fondation nationale des sciences politiques, 1991.

HAYMANN, Emmanuel, *Au coeur de l'intégrisme juif. France, Israël, États-Unis*, Albin Michel, 1996.

HERVIEU-LÉGER, Danièle, "Prolifération américaine, sécheresse française", em Françoise Champion e Martine Cohen (orgs.), *Sectes et Démocratie*, Seuil, 1999.

Histoire (L'), setembro de 1998, dossiê sobre "Les intégristes chrétiens, juifs, musulmans".

HUNTINGTON, Samuel, *Le Choc des civilisations*, Odile Jacob, 1997.

KASPI, André, *Les Américains*, 1, *Naissance et Essor des États-Unis, 1607-1945*, Seuil, col. "Points Histoire", 1986.

KEPEL, Gilles, e RICHARD, Yann (orgs.), *Intellectuels et Militants de l'islam contemporain*, Seuil, 1990 (com a reflexão de Olivier Roy sobre os novos intelectuais muçulmanos).

KEPEL, Gilles (org.), *Les Politiques de Dieu*, Seuil, 1993.

KEPEL, Gilles, *La Revanche de Dieu*, Seuil, col. "Points", 1991.

____, *Le Prophète et Pharaon. Aux sources des mouvements islamistes*, Seuil, 1993.

____, *À l'ouest d'Allah*, Seuil, col. "Points", 1994.

KHOSROKHAVAR, Farhad, e ROY, Olivier, *Iran: comment sortir d'une révolution religieuse*, Seuil, 1999.

KLEY, Dale K. van, *Les Origines religieuses de la Révolution française, 1560-1791*, Seuil, 2002.

LADRIÈRE, Paul, "Le christianisme dans la théorie webérienne de la modernité", em Roland Ducret, Danièle Hervieu-Léger e Paul

Ladrière (orgs.), *Christianisme et Modernité*, Éditions du Cerf, 1990.

LAFAGE, Franck, *Du refus au schisme. Le traditionalisme catholique*, Seuil, 1989.

LAGRÉE, Michel, *La Bénédiction de Prométhée. Religion et technologie*, Fayard, 1999.

LAMCHICHI, Abderrahim, "Fondamentalismes musulmans et droits de l'homme", em ACAT, *Fondamentalismes, Intégrismes. Une menace pour les droits de l'homme*, Bayard Éditions/Centurion, 1997.

LASCH, Christopher, *Le Complexe de Narcisse. La nouvelle sensibilité américaine*, Robert Laffont, 1981.

LIPOVETSKY, Gilles, *L'Ère du vide. Essais sur l'individualisme contemporain*, Gallimard, 1983.

Lumière et Vie, n.º 186, *Le Courant fondamentaliste chrétien*, março de 1988.

MAYEUR, Jean-Marie, *La Question laïque. XIXe-XXe siècle*, Fayard, 1997.

MEDDEB, Abdelwahab, *La Maladie de l'islam*, Seuil, 2002.

MOINGT, Joseph, "Séductions fondamentalistes", *Études*, dezembro de 1988.

____, "L'angoisse du fondement", *Spiritus*, n.º 171, *La Tentation fondamentaliste*, junho de 2003.

Pardès, n.º 11, *Religion et Politique en Israël*, 1990.

PLONGERON, Bernard (org.), *Histoire du christianisme*, t. X, *Les Défis de la modernité (1750-1840)*, Desclée, 1997 ("Le grand refus nord-américain", por B. Plongeron, pp. 479-538).

POULAT, Émile, *Liberté, Laïcité. La guerre des deux France et le principe de la modernité*, Éditions du Cerf/Cujas, col. "Éthique et société", 1987.

QUANTIN, Jean-Louis, *Le Rigorisme chrétien*, Éditions du Cerf, 2001.

RÉMOND, René, "L'intégrisme catholique. Portrait intellectuel", *Études*, janeiro de 1989.

RÉMOND, René, *Religion et Société en Europe. Essai sur la sécularisation des sociétés européennes aux XIXe et XXe siècles (1789-1998)*, Seuil, 1998.

RICHET, Isabelle, *La Religion aux États-Unis*, PUF, col. "Que sais-je?", n? 3619, 2001.

ROSENZWEIG, Franz, *L'Étoile de la Rédemption*, Seuil, 1982, e nova ed. revista, 2003.

ROY, Olivier, *L'Échec de l'islam politique*, Seuil, 1992.

____, *Généalogie de l'islamisme*, Hachette, 1995.

____, *L'Islam mondialisé*, Seuil, 2002.

SCHLEGEL, Jean-Louis, *Religions à la carte*, Hachette, 1995.

____, "Fondamentalistes et intégristes devant la modernité", em ACAT, *Fondamentalismes, Intégrismes. Une menace pour les droits de l'homme*, Bayard Éditions/Centurion, 1997.

SCHWEITZER, Louis, "Le fondamentalisme protestant", em ACAT, *Fondamentalismes, Intégrismes. Une menace pour les droits de l'homme*, Bayard Éditions/Centurion, 1997.

Spiritus, n? 171, *La Tentation fondamentaliste*, junho de 2003.

TERNISIEN, Xavier, *La France des mosquées*, Albin Michel, 2002.

TISSIER DE MALLERAIS, Bernard, *Marcel Lefebvre, une vie*, Clovis, 2002.

VALLIN, Pierre, *Histoire politique des chrétiens*, Nouvelle Cité, 1988.

WEILER, Gershon, *La Tentation théocratique. Israël, la Loi et le politique*, Calmann-Lévy, col. "Diaspora", 1988.

WILLAIME, Jean-Paul, *La Précarité protestante. Sociologie du protestantisme contemporain*, Genebra, Labor et Fides, 1992.

Orgrafic
Gráfica e Editora
tel.: 25226368